# 中小企業の国際化戦略

額田春華
山本聡　　編著

遠原智文
山本篤民
久保田典男
張又心Barbara　著

同友館

# 目　次

## 序章　はじめに
　　　　　　　　　　　　　　　　　　　　　　　　　　　山本　聡　1

中小企業と国際化　2
中小企業をどのように捉えるのか：分析視点と本書の構成　3

## 第1章　企業の国際化理論と中小企業の国際化戦略
　　　　　　　　　　　　　　　　　　　　　　　　　　　遠原　智文　9

1. はじめに　10
2. 企業の国際化　10
3. 企業のグローバル化　14
4. 中小企業の国際化　17
5. おわりに　24

## 第2章　中小企業の海外生産展開
　　　　　　　　　　　　　　　　　　　　　　　　　　　久保田典男　29

1. はじめに　30
2. 企業の海外直接投資に関する論点整理　31
3. 中小部品企業の海外生産を考察するための視点　37
4. 事例分析
　　―ASEANおよび中国の双方に生産拠点を持つ中堅・中小部品企業　42
5. おわりに　48

i

## 第3章　国内中小部品企業における取引関係の国際化
山本　聡　51

1. はじめに―部品取引と海外市場　52
2. 中小部品企業における取引関係の国際化のきっかけ　57
3. 中小部品企業における取引関係の国際化と能力形成　64
4. おわりに―中小部品企業は海外市場をどう捉えるべきか　73

## 第4章　中小零細食品企業の海外販路開拓戦略～新商品開発と現地代理店との連携～
張　又心 Barbara　79

1. はじめに　80
2. 考察の視点―消費財の国際マーケティング戦略　82
3. 海外販路開拓の具体事例　87
4. 考察―中小零細食品製造企業の海外販路開拓戦略　104
5. おわりに　110

## 第5章　国際化と国内地場産業産地の変容
山本　篤民　115

1. はじめに　116
2. 産地研究の視点と方法、成果　117
3. 国際化にともなう国内産地企業の対応―3産地の事例から　121
4. おわりに―国内産地企業の挑戦と産地の変容　135

## 第6章　国際化と国内機械産業集積地の変容

額田　春華　141

1. はじめに　142
2. 諏訪圏域の変容　143
3. 従来の大田区のしくみとその変容　163
4. 諏訪圏域と大田区の新しい分業構造　171
5. おわりに　177

## 第7章　おわりに

額田　春華　183

1. 中小企業が国際化戦略を進めていく上でのポイント　184
2. 地域という単位でとらえたときのポイント　186


索　引　190

# 序章

# はじめに

山本　聡

## 中小企業と国際化

　近年、中小企業政策や中小企業経営のあり方を議論する場では、「国際化」という言葉が頻繁に唱えられている。考えてみると、これは少し不思議な話ではないだろうか。戦後の日本経済は貿易立国としての立場を堅持しながら、その規模を拡大させてきた。高度経済成長期、バブル期、いざなみ景気と戦後の景気拡大は全て海外市場への輸出が牽引したものである。その証拠に Made in Japan や Made by Japan の工業製品は自動車を筆頭に現在でも世界中で受け入れられている。食品や漫画、アニメ、ファッションといった分野でも同様だろう。また、周囲を見渡せば、大学には海外からの留学生や外国人教員が多数、在籍している。外国人従業員が活躍している企業も数多い。何より、東京はもとより、地方都市部でも、街中を少し歩ければ国籍を問わず外国人に出会い、外国語を聞くことはもはや珍しいことでもなんでもない。日本社会の国際化は今、この瞬間にも進展しているのである。このような状況で、なぜ、中小企業の国際化を議論する必要があるのだろうか。

　日本は元々、1億2,000万人という先進国の中では米国に次ぐ人口大国であり、国内市場が非常に大きかった。加えて、世界的な競争力を誇る大企業が国内に幾つも存在していた。そのため、中小企業の大半は国内市場にのみ依存することで自社事業を維持することが可能だった。国内の消費者・企業のみを顧客として事業が成り立つのならば、企業はわざわざリスクを冒してまで海外の消費者や企業とつながること、すなわち国際化する必要もない。従業員も少なく、経営資源に限りがある中小企業ならばなおさらだろう。経営者によるこうした合理的な経営判断と企業行動の結果、国際化は国内中小企業にとって最も縁遠い言葉の一つとなってしまったのである。ところが、昨今の経営環境の急激な変化は中小企業の目をいやおうなく海外に向かせることになる。

　現在、日本国内では少子高齢化と人口減少が急速に進展している。また、国内大企業も国際競争の激化に直面し、生産拠点を日本国内から海外に移転させ

ている。海外市場に目をやれば、アジア諸国・地域を筆頭として、新興国における富裕層の出現とその延長線上にある市場の拡大が著しい。加えて、韓国や台湾、中国といったアジア系企業の国際競争力の躍進も目覚ましい。こうした幾つもの要因から、日本国内の市場は相対的にも縮小傾向にあると言ってよいだろう。結果として、中小企業はその事業継続のために、さまざまな観点から海外を強く意識せざるをえなくなったのである。ここに「中小企業はなぜ、国際化する必要があるのか」、「中小企業はどのように国際化すればよいのか」といった一連の問いを設定し、個別の企業や産業、地域ごとに具体的に分析・考察していく意義が生じる。こうした問いに答えていきながら、国際化を果たす中小企業の姿≒中小企業の国際化戦略を見出していくことが本書全体を貫く問題意識になる。

## 中小企業をどのように捉えるのか：分析視点と本書の構成

　中小企業と一口に言っても、その意味するところは幅広い。中小企業基本法第2条では、「製造業・その他の業種：従業員300人以下または資本金3億円以下」、「卸売業：従業員100人以下または資本金1億円以下」、「小売業：従業員50人以下または資本金5,000万円以下」、「サービス業：従業員100人以下または資本金5,000万円以下」全てが中小企業のことだと定義されている。しかし、この定義だけでは、中小企業の国際化戦略を具体的に分析・考察することは困難である。そのため、上述した問題意識に立脚するかたちで、本書全体の分析枠組を設定しなければならない。既存研究における中小企業の経済学的・経営学的な位置付けを踏まえるならば、以下のような複数の分析視点を設定することができるだろう。

**国際化の理論**
　はじめに「なぜ、中小企業の国際化を取り上げるのか」という問いに対して、理論的な観点から回答する必要がある。国際化とは企業の経営活動の範囲

**【図表序-1】 本書の分析枠組と構成**

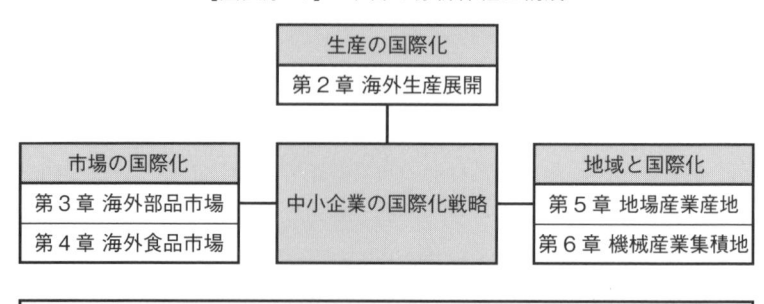

```
                    ┌─────────────────┐
                    │  生産の国際化    │
                    │ 第2章 海外生産展開│
                    └─────────────────┘
┌──────────────┐    ┌─────────────────┐    ┌──────────────┐
│ 市場の国際化 │    │中小企業の国際化戦略│    │ 地域と国際化 │
│第3章 海外部品市場│─│                 │─│第5章 地場産業産地│
│第4章 海外食品市場│  │                 │  │第6章 機械産業集積地│
└──────────────┘    └─────────────────┘    └──────────────┘

┌──────────────────────────────────────────────────────┐
│第1章 国際化理論と中小企業：なぜ、中小企業の国際化を取り上げるのか│
└──────────────────────────────────────────────────────┘
```

が国内から海外へ拡大することである。もし、大企業の国際化と中小企業の国際化を全て共通の理論の中で分析することが可能ならば、本書で中小企業のみを分析対象として設定することの意義と妥当性は希薄化してしまうだろう。以上の問題意識から「第1章　企業の国際化理論と中小企業の国際化戦略（遠原智文）」では企業の国際化理論に関する既存研究を紐解いていく。そして、大企業の生産面の国際化を対象としてきた既存の国際化理論では中小企業の国際化を十分に把握・分析できないことを提示する。その上で、中小企業の国際化戦略を独立した一個の研究テーマとして俎上に乗せ、分析する必要があることを理論的な側面から論証する。本章は企業の国際化理論に関する既存研究の系譜の概略を提示していることも合わせて記す。中小企業だけでなく、大企業も含めた企業一般の国際化理論に興味がある方々にとっても有用な内容だろう。

## 生産の国際化

　企業の本質的な機能とは「財・サービスを生産し、市場に供給すること」である。これは企業規模の大小では変わらない。そのため、中小企業の国際化戦略を考えるにあたって、まず、生産の国際化に焦点を当てる必要があるだろう。経営資源に制約がある中小企業にとって、「どこで、どのように何を生産するのか」を考えることは経営戦略上、非常に重要な課題になる。また、後述する市場の国際化とも深く関係するが、中小企業の経営は主要な顧客企業の経

営行動・方針に影響を強く受ける。顧客企業が中国や東南アジアなど海外に生産展開した場合、えてしてサプライヤー企業である中小企業にも追随することを強く要望する。そうすると、中小企業側も海外生産展開を行わざるをえなくなる。また、労働コストの低い海外で生産拠点を設立・拡大することは、国内外のライバル企業との競争に打ち勝つための戦略の一つになるだろう。こうした中で、中小企業が有する国内・海外の複数の拠点をどのように戦略的に機能分担させるか、といったことが重要になってくる。企業経営とは単に人件費が安価な海外に生産機能を集中させればそれでよい、そうすれば業績が向上するといったような単純な話ではないのである。第2章「中小企業の海外生産展開（久保田典男）」では上述した問題意識から、中小部品企業が「自社の経営資源の特性を踏まえて」、「どこで、どのように海外生産しているのか」という点について具体的な分析を行っていく。その上で生産の側面から、中小企業の高度な国際化戦略の実態を明らかにしていく。

**市場の国際化**

　経済学では企業の目的を利潤最大化に置いている。よって、中小企業の国際化戦略を考えるにあたっては、海外市場参入すなわち「市場の国際化」も分析対象とする必要があるだろう。冒頭で述べたように、中小企業の大半はある特定の国内大企業や国内市場に売上を依存しながら事業を営んできた。日本経済が順風満帆な時代はそれが最も合理的な経営戦略だったと言える。しかし、日本経済全体がかつて持っていた力を喪失しつつある現在、中小企業も海外市場を強く意識せざるをえなくなっているのである。

　なお、中小企業の海外市場参入が論じようとする場合、生産財企業と消費財企業が一緒くたにされてしまうことが多い。しかし、機械部品など生産財の取引と食品など消費財の取引ではその性質が全く異なる。たとえば、生産財は企業や組織が顧客である。一方、消費財では一般消費者が顧客になる。市場の国際化という観点から言い換えるならば、生産財：いかに海外企業から受注を獲得するか、消費財：いかに外国人にモノを販売するか、ということになる。こ

の違いは非常に大きい。中小企業の国際化戦略を市場面から考えるにあたり、当該企業が生産財を手掛けているのか、それとも消費財を手掛けているのか、この点は厳密に区分して考えるべきだろう。

　以上より、第3章「国内中小部品企業における取引関係の国際化（山本聡）」では中間財取引における特性を理論的に提示した上で、国内中小部品企業が海外企業から受注を獲得するに至るきっかけとそこに介在する能力を分析し、提示している。また、第4章「中小零細食品企業の海外販路開拓戦略（張又心Barbara）」では九州の中小食品企業がどのように海外市場に参入したか、そのプロセスが国際マーケティング戦略の"4P"を機軸として、事例を踏まえながら仔細に分析されている。なお、第4章を執筆された張氏は香港出身の女性研究者である。本書も日本が急速に国際化する中で生まれた研究書、ということなのである。

**地域と国際化**

　中小企業基本法や既存の中小企業研究では、中小企業は「地域経済の担い手」として位置付けられている。特定の地理的範囲に多数立地した中小企業群は産業集積と呼称され、地域経済の基盤として存立している。そのため、個々の中小企業における生産の国際化と市場の国際化の延長線上には、産業集積地の国際化・地域の国際化が現出することになる。加えて、地域全体を俯瞰することで、個々の企業の事例のみからは見出すことのできない、国際化のための要点も明らかになるだろう。また、市場の国際化の章の議論を踏まえるならば、消費財企業が多数を占める地場産業産地と生産財企業が多数を占める機械産業集積地とでは個々の企業の行動が異なる。そうすると、その延長線上にある地域全体と国際化の関わり方も必然的に異なってくるだろう。

　こうした問題意識を踏まえ、第5章「国際化と国内地場産業産地の変容（山本篤民）」では富山県高岡市の銅器産地、愛媛県今治市のタオル産地、石川県加賀市（旧山中町）の山中漆器産地の三つの地場産業産地が取り上げられている。その上で、個々の企業の国際化戦略が地域全体の取り組みと関連付けられ

ながら分析されている。第6章「国際化と国内機械産業集積地の変容（額田春華）」では、長野県諏訪圏域と東京都大田区周辺地域という国内を代表する機械産業集積地の国際化が地域内の分業構造の変容という文脈の中で詳述されている。そこでは、個々の企業の国際化戦略の積み重ねが地域全体の変化につながる様が浮かび上がっている。

以上、簡単に本書の概要を紹介した。本書の最大の特徴は、研究対象と分析視点がそれぞれ異なる若手研究者が集って、国際化をキーワードに一冊の中小企業研究の書籍を上梓し、世に発信したことにあると考えている。国内の中小企業にとって、国際化は避けては通れない経営課題である。視点を変えれば、国内中小企業の"今"を日々学び、観察し、分析している若手の中小企業研究者にとっても、「中小企業の国際化」は避けては通れない研究テーマなのだと強く主張したい。

本書の刊行に当たっては、さまざまな方々に有形無形のご支援を賜っている。お忙しい中、我々の取材に対応してくださった中小企業の経営者や行政機関の担当者の方々、我々の調査研究成果に対し、叱咤激励しながら常に暖かく見守って頂いている中小企業研究の先達の方々にはこの場を借りて、心より御礼申し上げたい。なお、筆者にとって、若手の中小企業研究者だけで一冊の研究書を上梓し、世に問うというのは前々から抱いていた夢の一つだった。筆者の企画に熱心に耳を傾けて頂き、また本書の刊行に向けてご尽力を頂いた同友館の佐藤文彦氏には厚く御礼を申し上げる次第である。最後になってしまうが、お忙しい中、若輩である筆者の企画にご賛同を頂き、ご参画頂いた久保田典男先生、張又心Barbara先生、遠原智文先生、額田春華先生、山本篤民先生に感謝の意を示すことで序章の筆を置きたい。

# 第1章

# 企業の国際化理論と中小企業の国際化戦略

遠原　智文

## 1. はじめに

　国際化戦略は多角化戦略の一種であり、企業の事業範囲を拡大する成長戦略である。いくつかの形態を駆使して、企業は自らの事業範囲を拡大し、競争力の強化を目指す。国際化戦略は、海外市場での市場支配力、比較優位資源の獲得と要素価格の優位性、資源規模によるスケール・メリット、拠点間での無形資産の共有による範囲の経済といった、さまざまな経済的なメリットを企業にもたらす。

　その一方で、国際化戦略には多様なコストがともなう。たとえば、文化や商習慣が異なる海外での事業展開は本国よりも困難であることは容易に予測できる。また進出国の政府や国民には、外国資本への心理的な抵抗感も少なくない。さらに、海外展開のための新たな投資は企業にとって大きな負担となるし、事業拠点の国境を隔てた分散化は管理コストを増大させる。国際化戦略の難しさは、こうしたコストを支払った後に、初めてメリットを享受できるようになることである。しかも、その達成に至る道のりは長いといわれている（天野，2008，p.192）。

　それではなぜ今、中小企業の国際化戦略を論じる必要があるのであろうか。この問いに対して、答えることが本章の目的である。そのために、企業の国際化およびグローバル化に関する基本的な理論について、それぞれ第2節と第3節で概観したうえで、第4節において、中小企業の国際（グローバル）化の実際について分析を行うこととする。そして、第5節では本章のまとめと含意を述べる。

## 2. 企業の国際化

　一般的に、企業の「国際化」とは、国内から海外へと経営活動を拡大することを指す（浅川，2003，p.5）。すなわち、企業の「国際化」は、国内経営から

国際経営に至るまでのプロセスを意味している[1]。

### (1) 国際化の形態

製造業の国際化の形態は、大きく分けると、輸出、海外生産、契約に分類できる（Root, 1984, pp. 5-9（邦訳、pp. 16-19）；浅川, 2003, pp. 49-51）。

初期の形態とされるのは、輸出であり、これは間接輸出と直接輸出にさらに分けられる。間接輸出とは、最も簡単な形態であり、手数料だけ払って、あとは自国の輸出業者に任せておくというものである。一方、直接輸出とは、生産業者が自社製品を自ら輸出する形態である。これには、輸出先の仲介業者を利用する「代理店や流通業者を通じた輸出」と、輸出先にある自社の組織を利用する「支店や子会社を通じた輸出」がある。

海外の代理店とは、標的国で自社に代わって業務を行う独立した仲介業者で、製品の所有権を保有しておらず、在庫もほとんど持たず、顧客に対して製品の信用を与えることもない。他方、海外の流通業者とは、他の仲介業者や最終購入者に対する製品の再販売を目的として、製品の所有権を有する独立した商人である。これは、在庫管理、販売促進、顧客への信用の拡大、注文処理、製品の配送、製品の補修・修理といった幅広い機能を果たす。

海外生産は、標的国において製造工場やその他の生産工場を保有する際に発生する形態である。活動内容の観点からみると、親会社からの半製品の輸入に完全に依存している簡単な組立工場から、製品の一貫生産を行うものまで、多岐にわたっている。これは、株式所有比率によって、その形態が異なる。1つは、親会社の完全所有子会社であり、新規設立する場合と現地企業を買収する場合がある。もう1つは、親会社と一社以上の現地企業との合弁である。

契約には、製造契約（生産委託）とライセンシングがある。契約製造（生産委託）とは、海外の企業に細かい指定をして製品の製造を委託する一方で、その販売については自社で責任を持つものである。他方、ライセンシングは、他企業に対して一定の期間だけ、自社の知的財産権の使用を認め、その対価としてロイヤリティーなどを得る契約である[2]。

## (2) 国際化プロセス

　企業の国際化プロセスは、図表1-1のような段階を経ながら進展するという発展段階説(ステージ・モデル)という考え方が一般的となっている(Dunning, 1993, pp. 193-205；丹下, 2007, pp. 39-40；遠原, 2009, pp. 184-186)。

　第1段階は、間接輸出である。国内市場で販売が伸び生産量も増えると、企業は海外市場を開拓して国内における生産能力を増強して規模の経済を享受しようと考える。しかしながら、輸出の経験に乏しい場合は、まずは間接輸出に頼るほかない。間接輸出には、海外市場の状況に詳しい専門業者に任せてあるので、リスクが低いというメリットがある。しかしながら、この方法には、海外市場に関する経験や知識の蓄積が難しいというデメリットもある。このデメ

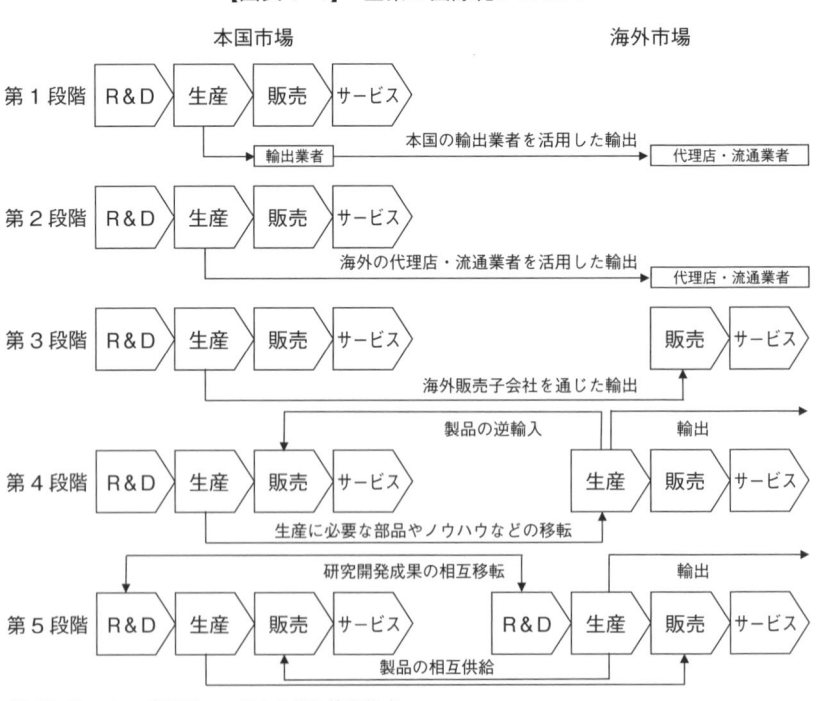

**【図表1-1】　企業の国際化プロセス**

(資料) Dunning (1993)、p. 194 を基に筆者作成
(出所) 遠原 (2009)、p. 185

リットが顕在化してくるにつれて、企業は直接輸出に目を向けるようになる。

　第2段階は、海外の代理店や流通業者を活用する段階である。この段階の期間は、短かったり、省略されたりすることも少なくない。

　第3段階は、海外販売子会社を設立し、自社の製品を輸入して販売を行う段階である。これにより、標的国の市場からフィードバックした多量で迅速な情報の入手が可能となり、間接輸出の段階で問題となっていた現地の市場や顧客との接点が実現し、現地市場のニーズを汲み取ることが可能となる。

　第4段階は、海外生産の段階である。輸入規制、ローカル・コンテント（現地調達率）の向上といった現地政府の政策や現地の市場規模によって、現地市場（輸入代替）型の生産拠点が設立される。また、直接投資や輸出へのインセンティブといった現地政府の政策や低コスト労働力の存在によって、輸出拠点型の生産拠点が設置される（山口，2007，pp. 126-128）。

　生産拠点の設置において、その所有形態は3つの要因によって影響を受けることとなる。まず現地における販売網、政府との関係、資金や特定の技術をパートナー企業から供給してもらえるなどといった経営資源の補充が可能な場合は、合弁の形態が選好される。また、現地の政府が外国企業の出資比率を低くしようとする資本の現地化政策がとられている場合は、合弁の形態をとるほかなくなる。一方、企業（親会社）としては、海外子会社が自社の経営方針や戦略にそって経営されることが望ましい。よって、親会社が自社の支配権を強固なものにしておきたい場合は、完全所有の資本政策を採用する（吉原，2001，pp. 181-185）。

　第5段階は、地域・グローバル統合が実施される段階である。この段階では、標的国で単に生産のみを行うのではなく、より付加価値の高い活動を実施するようになる。究極的には、最もグローバル化しにくい機能である研究開発活動の一部移転もみられるようになり、親会社と海外子会社との相互依存のもとで製品開発を実施するようになる。

## 3. 企業のグローバル化

　企業の「グローバル化」とは、世界規模で経営活動の相互依存関係が進んでいく状態を指している（浅川，2003，p.5）。すなわち、企業の「グローバル化」は、国際経営からグローバル経営へと発展するまでのプロセスを指している。換言すると、このプロセスは、企業の国際化プロセスの最終段階（第5段階）を意味している。

### (1) グローバル経営論

　企業の国際化プロセスの第5段階では、海外子会社が大きな役割を果たすようになる。では、これまでのグローバル経営論において、海外子会社はどのような存在としてみられてきたのであろうか。以下では、海外子会社の位置づけに光をあてながら、グローバル経営論について概説する。

　Hymer（1960）やVernon（1966）をはじめとするグローバル経営論は、なぜ企業活動（とくに生産活動）がグローバル化するのか、を解明するものであった。また、Stopford and Wells（1972）に代表される「グローバル戦略―グローバル組織」研究は、親会社を頂点とする階層的構造と、Chandler（1962）の「組織は戦略に従う（Structure follows Strategy）」という命題にもとづいた、環境→戦略→組織というパラダイムに立脚していた（Hedlund and Rolander，1990，pp.16-22）。

　このような伝統的なグローバル経営論は、海外子会社を全体として均一的な性質を持った組織群とみなしたうえで、親会社の立案した戦略の単なる実行者と考えていた（Bartlett and Ghoshal，1986）。しかし、現在では、多国籍企業をネットワークと捉える見方が一般的となっている（Hedlund，1986；Hedlund and Rolander，1990；Ghoshal and Bartlett，1990）。ネットワークの基本的概念は、「全体を構成するいくつかの諸単位がネット（net：網、網状の意味）状の形で縦横無尽に結ばれて一体的に機能（work）する関係（relation）

（高橋，2000，p.80)」を指している。このような視角は、分析単位をネットワークの結び目（node）としての海外子会社に置くようになった。そして、ネットワークの構成単位としての海外子会社は、それぞれ異なった役割を果たしているとみなされるようになった（Birkinshaw, 2000)。このような視角は、グローバル経営論の分析視点を大きく転換させた。

代表的かつ先駆的な研究である Bartlett and Ghoshal（1986）は、図表 1-2 のように海外子会社が立地している現地環境の戦略的重要性と海外子会社の保有する経営資源レベルという 2 つの変数によって海外子会社を 4 つに分類している。現地環境の戦略的重要性とは、海外子会社の立地国の特性が、多国籍企業のグローバル戦略に影響を及ぼす程度のことである。一方、海外子会社の経営資源とは、海外子会社の技術、生産、マーケティングなどの経営資源のことである。

4 つの分類とは、多国籍企業にとって重要地域にあり、洗練された経営資源を持っている親会社のパートナー的な海外子会社である戦略リーダー、重要でない地域にあるが、平均以上の経営資源を保持している貢献者、重要でない地域にあり、経営資源が最低必要レベルである実行者、重要な地域にあるが、そこからの便益を十分に引き出すだけの経営資源が欠けているブラック・ホール

**【図表 1-2】 海外子会社の役割のタイプ**

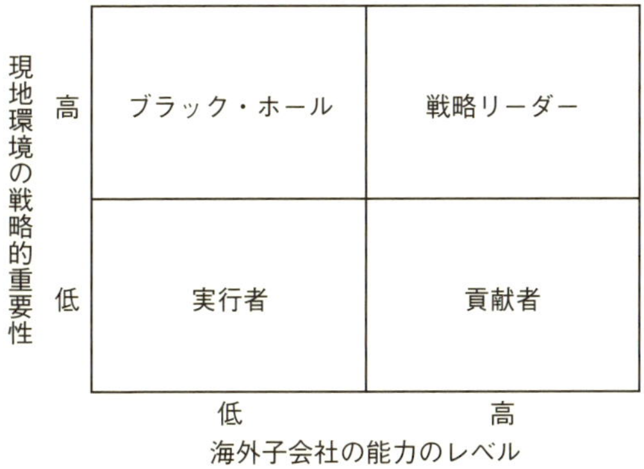

| 現地環境の戦略的重要性 | | |
|---|---|---|
| 高 | ブラック・ホール | 戦略リーダー |
| 低 | 実行者 | 貢献者 |
| | 低 | 高 |
| | 海外子会社の能力のレベル | |

（出所）Bartlett = Ghoshal（1986)、p.90（邦訳、p.46）

である。なお、彼らの研究は、基本的には親会社の見地からみた海外子会社の分類であったので、海外子会社の戦略に対する議論とダイナミックな視点に欠けていた。

より海外子会社のレベルから Jarillo and Martinez（1990）は、海外子会社を、海外子会社の活動の統合度と現地化度という次元によって3つに分類している。第1は、親会社や他の海外子会社から独立して、多くの価値活動を遂行する自律的（autonomous）子会社である。第2は、親会社や他の海外子会社と統合された形で、いくつかの価値活動を遂行する受動的（receptive）子会社である。第3は、多くの価値活動を親会社や他の海外子会社との密接な調整を通じて遂行する活動的（active）子会社である。そして、海外子会社は、より統合度が高い戦略にシフトする傾向がみられた。

また、Jarillo and Martinez のフレームワークを拡張して Taggart（1998）は、Jarillo and Martinez では発見されなかった海外子会社の活動の統合度と現地化度の双方とも低い静止的（quiescent strategy）子会社の存在を確認している。そして、海外子会社の戦略が、時系列に変化する場合も分析し、海外子会社によるイニシアティブが、その一因となっていることを指摘している。

## (2) 海外子会社のイニシアティブ

海外子会社によるイニシアティブに注目したのは、Birkinshaw とその共同研究者であり、Birkinshaw（2000）がその集大成といえる。まず海外子会社によるイニシアティブとは、「既存の資源を利用・拡大するための新しい手段を促進する明確でプロアクティブな企てであり、市場機会の認識に始まり、そのような機会への資源コミットメント（Birkinshaw, 1997, p.207）」である。そして、海外子会社は、市場機会（収益増大をもたらす現地市場もしくはグローバル市場での機会とコスト削減をもたらす内部市場機会および混合型市場機会）、イニシアティブ促進要因（親会社と海外子会社とのコミュニケーション、海外子会社の自律性、過去の業績を反映して親会社が評価している海外子会社の資源など）、イニシアティブ・プロセス（親会社や他の海外子会社への

売込活動および承認過程）の相互作用を通じて、独自の資源や能力を蓄積することで、より貢献度の高い役割を獲得するように進化することが明らかにされている。

なお、海外子会社イニシアティブの評価に関しては、親会社のトップ・マネジメントと海外子会社のトップ・マネジメントの間には、認識の相違が存在する。これは、親会社のトップ・マネジメントが、海外子会社イニシアティブの成果を適切に評価できないことへとつながる。したがって、海外子会社のトップ・マネジメントは、自社が多国籍企業ネットワークにおいて、優れた成果にもとづく卓越した経営資源を保持しており、より貢献度の高い役割を果たすことが可能であることを誇示する動機を持つようになる。

これを実現するために、海外子会社のトップ・マネジメントは、組織的チャンピオニングを必要とする。海外子会社の観点からの組織チャンピオニングとは、親会社のトップ・マネジメントが意思決定に費やすことができる時間が限られおり、また海外子会社イニシアティブの成果への評価が曖昧な状況下で、海外子会社のトップ・マネジメントが適切な評価を獲得するように、親会社のトップ・マネジメントに働きかける政治的なプロセスである。そして、これにより、親会社のトップ・マネジメントは、海外子会社に対して遡及的に評価を行うことが可能となる。

## 4. 中小企業の国際化

### (1) 中小企業の国際化の現況

それでは、中小企業における国際化の状況は、どのようになっているのであろうか。中小企業の国際化とくに海外生産については、第2章において子細に述べられているので、ここでは近年における中小企業の国際化全般の趨勢について分析することとする[3]。

まず輸出についてみたものが、図表1-3である。これによると、2002年から2008年までの間で、中小企業による輸出額および売上高輸出比率は、2.5兆

【図表 1-3】 規模別の輸出額および売上高輸出比率（製造業）

| 年度 | 輸出額（兆円） | | | 売上高輸出比率（%） | | |
|---|---|---|---|---|---|---|
| | 中小企業 | 中堅企業 | 大企業 | 中小企業 | 中堅企業 | 大企業 |
| 2002 | 2.5 | 3.9 | 52.3 | 4.4 | 8.0 | 23.7 |
| 2003 | 3.0 | 4.6 | 54.2 | 5.2 | 9.1 | 24.3 |
| 2004 | 3.5 | 5.1 | 58.9 | 5.6 | 9.6 | 25.0 |
| 2005 | 3.8 | 5.6 | 65.8 | 5.7 | 10.1 | 26.2 |
| 2006 | 4.6 | 6.6 | 76.4 | 6.7 | 11.3 | 28.5 |
| 2007 | 5.0 | 7.2 | 83.9 | 7.2 | 11.8 | 29.6 |
| 2008 | 5.0 | 6.7 | 71.6 | 7.4 | 11.8 | 27.8 |

（資料）日本銀行「全国企業短期経済観測調査（短観）」
（注1）大企業とは資本金10億円以上、中堅企業とは資本金1億円以上10億円未満、中小企業とは資本金2千万円以上1億円未満の企業をいう。
（注2）ここでいう輸出は直接輸出だけでなく間接輸出も含む。
（出所）中小企業庁（2010），p. 152

円から5兆円、4.4%から7.4%へとそれぞれ増加している。大企業の輸出額と売上高輸出比率が、83.9兆円から71.6兆円、29.6%から27.8%へといずれも減少した2008年においても、中小企業は、その輸出額を5兆円で維持しており、売上高輸出比率にいたっては、7.2%から7.4%へと前年より微増させている。しかしながら、輸出額と売上高輸出比率の双方とも、大企業と比べると格段に低い水準にとどまっているだけでなく、企業規模が小さいほど、この傾向は強くなっている（中小企業庁，2010，pp. 152-153）。

海外への販売状況の現状を示したものが、図表1-4である。中小企業の場合、直接輸出が15.4%、間接輸出が17.5%となっている。これは大企業（直接輸出46.5%、間接輸出29.4%）と比べると低いものとなっており、とくに直接輸出でその傾向が顕著である。他方、大企業よりも高くなっているのは、輸出を行っていない中小企業と取引先を経由して自社製品が海外市場へ販売されている中小企業の割合である。前者は、回答企業の約半数（48%）を占めており、大企業の34.4%より高くなっている。後者についても、中小企業では

第1章　企業の国際化理論と中小企業の国際化戦略

【図表1-4】　海外への販売状況

(%)

|  | 直接輸出を行っている | 間接輸出を行っている | 取引先を経由し、商品は海外市場へ | (商品は)海外には輸出されていない |
|---|---|---|---|---|
| 大企業 | 46.5 | 29.4 | 22.7 | 34.4 |
| 中小企業 | 15.4 | 17.5 | 33.2 | 48.0 |

(資料)　三菱UFJリサーチ&コンサルティング(株)「市場攻略と知的財産戦略にかかるアンケート調査」(2008年12月)
(注1)　ここでいう直接輸出とは、自己または自社名義で通関手続きを行ったものをいい、間接輸出とは輸出相手は分かっているものの自国内の商社や卸売業者、輸出代理店などを通して輸出する場合をいう。
(注2)　ここでいう大企業とは、中小企業基本法に定義する中小企業以外の企業をいう。
(注3)　複数回答のため合計は100を超える。
(出所)　中小企業庁(2009)，p.89


【図表1-5】　製造業における規模別の海外生産比率

(%)

| 年度 | 1998 | 1999 | 2000 | 2001 | 2002 | 2003 | 2004 | 2005 | 2006 | 2007 |
|---|---|---|---|---|---|---|---|---|---|---|
| 大企業 | 18.2 | 18.4 | 19.1 | 22.4 | 23.6 | 23.3 | 24.2 | 25.5 | 27.4 | 27.5 |
| 中小企業 | 1.0 | 0.9 | 0.8 | 1.0 | 1.1 | 1.6 | 2.0 | 1.7 | 2.3 | 2.5 |

(資料)　経済産業省「海外事業活動基本調査」再編加工、財務省「法人企業統計年報」
(注1)　海外生産比率=現地法人(製造業)売上高／(現地法人(製造業)売上高+国内法人(製造業)売上高)。
(出所)　中小企業庁(2010)，p.154


33.2%であるが、大企業では22.7%となっている。

一方、海外生産については、図表1-5をみると、大企業と中小企業の双方とも海外生産比率は、1998年には各々18.2%、1.0%だったものが、2007年には27.5%、2.5%へと上昇している。これにともなって、海外子会社を保有する中小企業の割合も、1994年の6.6%から12.1%とほぼ倍増しており、大企業の25.1%から28.2%への微増と比較すると、増加傾向が目立っている。しかしながら、海外生産比率も海外子会社の保有比率も大企業と比べると、格差は大きいままであり、とくに海外生産比率では顕著である(中小企業庁，2010，pp.153-154)。

【図表1-6】 海外展開の理由

(%)

| | 現地における市場開拓・販売促進 | 現地からの製品・部品・原材料の調達 | 現地の情報収集 | 安い人件費等によるコストダウン生産 | 取引先の海外展開への追随 | 取引先からの進出要請 | 現地の優秀な人材の確保 | 現地政府機関とのネットワークの強化 | その他 |
|---|---|---|---|---|---|---|---|---|---|
| 大企業 | 68.5 | 33.1 | 26.4 | 44.9 | 30.9 | 16.9 | 3.9 | 1.7 | 3.4 |
| 中小企業 | 44.2 | 47.3 | 20.7 | 51.6 | 25.2 | 16.7 | 5.9 | 1.4 | 2.2 |

(資料) 三菱UFJリサーチ&コンサルティング(株)「市場攻略と知的財産戦略にかかるアンケート調査」(2008年12月)
(注1) 海外展開を行っていると回答した企業のみ集計。
(注2) ここでいう大企業とは、中小企業基本法に定義する中小企業以外の企業をいう。
(出所) 中小企業庁 (2009), p.89

【図表1-7】 中小企業の直接投資の決定要因

(%)

| 年度 | 現地・近隣国での製品需要が旺盛・今後の拡大が見込まれる | 良質で安価な労働者が確保できる | 納入先を含む、他の日系企業の進出実績がある | 品質価格面で、日本への逆輸入が可能 | その他 |
|---|---|---|---|---|---|
| 2004 | 25.1 | 23.0 | 20.8 | 11.1 | 20.0 |
| 2007 | 36.7 | 18.7 | 17.2 | 10.3 | 17.0 |

(資料) 経済産業省「海外事業活動基本調査」
(注1) 複数回答であり、合計が100となるように再集計している。
(注2) 「現地・近隣国での製品需要が旺盛・今後の拡大が見込まれる」は、「現地の製品需要が旺盛または今後の需要が見込まれる」および「進出先近隣三国で製品需要が旺盛または今後の拡大が見込まれる」を集計している。
(注3) 2004年度と2007年度で共通の項目を集計している。
(出所) 中小企業庁 (2010), p.167

　中小企業が海外展開する目的は、図表1-6にあるように、「低賃金労働力の活用によるコストダウン」が51.6%と最も多く、これに「現地からの製品・部品・原材料の調達」が47.3%で次いでいる。これは、「現地市場における市場開拓・販売促進」を目的とする割合が68.5%（中小企業では44.2%）が圧倒的に多い大企業とは対照的である。しかしながら、他の調査（図表1-7）では、「現地・近隣諸国での製品需要が旺盛・今後の拡大が見込まれる」ことを直接投資の決定要因としている中小企業が、2004年の25.1%から2007年の36.7%へと増加している一方で、これ以外の要因はすべて減少している。よって、中

第1章　企業の国際化理論と中小企業の国際化戦略

【図表1-8】　中小企業の海外展開形態の割合（現在・今後3年間）

(%)

| 海外展開形態 | 現在 | | | 今後3年間 | | |
|---|---|---|---|---|---|---|
| | 全産業 | 製造業 | 非製造業 | 全産業 | 製造業 | 非製造業 |
| 現地法人の展開 | 78.3 | 81.7 | 72.1 | 49.7 | 48.1 | 51.8 |
| 海外支店の開設 | 1.8 | 0.0 | 5.0 | 6.7 | 7.4 | 5.9 |
| 海外事業所の開設 | 5.6 | 4.0 | 8.6 | 19.2 | 11.1 | 29.4 |
| 生産委託 | 36.1 | 34.7 | 38.6 | 54.9 | 63.9 | 43.5 |
| 業務提携（生産を除く） | 9.5 | 6.8 | 14.3 | 19.7 | 14.8 | 25.9 |

(注1)　上記海外展開形態をとる企業の合計に対する割合。
(注2)　複数回答（2つまで回答）のため各割合の合計は100％を超える。
(出所)　商工中金調査部（2010），p.9

【図表1-9】　展開形態別の海外展開に対する評価

(%)

| 海外展開形態 | 成功している | 成功していない | わからない |
|---|---|---|---|
| 現地法人の展開 | 67.8 | 12.2 | 20.1 |
| 海外事業所の開設 | 50.0 | 27.3 | 22.7 |
| 生産委託 | 83.3 | 4.3 | 12.3 |
| 業務提携（生産を除く） | 48.6 | 10.8 | 40.5 |

(注1)　「成功している」「成功していない」「わからない」の合計の百分比。
(注2)　展開形態別に20以上の回答があった先について掲載。
(出所)　商工中金調査部（2010），p.11

小企業による海外直接投資の主目的が、従来の費用削減から、大企業と同様に市場拡大へとシフトする傾向がみられる。

　最後に、製造契約（生産委託）であるが、商工中金の調査（図表1-8）によると、中小製造企業の海外展開形態のうち、現時点で生産委託を行っている割合は、34.7％となっているが、今後3年間で行う海外展開の形態としては、生産委託が63.9％と急増している。これとは対照的に、現地法人の展開については、現状では81.7％であるが、3年後では48.1％と激減している。これは、図表1-9にあるように、海外展開形態のうち、「成功している」と回答している

中小企業の割合が、現地法人の展開の67.8%と比べると、製造契約（生産委託）は83.3%と非常に高くなっていることが背景にあるといえる[4]。

直接投資ではなく、製造契約（生産委託）も含めた業務提携を選択する理由としては、「初期投資コストが少ない（27.2%）」、「経営関与する必要がないため（25.2%）」、「リスクが高いため（23.6%）」で大半を占めている。よって、資金的に余裕がなく、海外生産のリスクが高い場合に、製造契約（生産委託）は活用されている（中小企業庁，2004，pp.140-141）。

以上のことを踏まえると、中小企業による国際化は、大企業と比較した場合、全体としては進んでおらず、国際化していない中小企業や企業の国際化プロセスにおける初期の段階にある中小企業が多いことが確認できる。また、経営資源上の制約から、製造契約（生産委託）を選好する傾向が強いことがわかる。

よって、中小企業の国際化プロセスは、大企業が国内企業から多国籍企業（海外に子会社や合弁会社を保有して経営活動している企業）へと変貌していく現象を主として対象としている発展段階説（ステージ・モデル）をそのまま適用するだけではうまくとらえられない可能性が存在する。

むしろ、中小企業の中小規模性という特性を考慮すると、必ずしも企業の国際化プロセスの階段をのぼる必要はなく、状況に応じて、各段階にとどまることが、それぞれの中小企業にとって適切な国際化となっているとみることもできる。そして、このことは、グローバル化している中小企業が、非常に限られていることを意味する一方で、中小企業におけるグローバル化が大企業のグローバル化とは様相が幾分異なったものになる可能性があることも示している[5]。

## (2) 中小企業の国際化とパフォーマンス

前項では中小企業の国際化が、全体としては大企業と比べると限られていることが確認できた。とはいえ、国際化を進めている中小企業が存在していることも事実である。では、中小企業の国際化は、パフォーマンスにどのような影

響を与えているのであろうか。なお、製造契約（生産委託）については、簡単ではあるが上述しているので、中小企業白書にもとづいて、輸出と海外生産についてみていく。

まず輸出についてであるが、労働生産性でみると、輸出を行っている中小企業（906万円）は、そうでない中小企業（748万円）よりも、かなり高くなっている。また、輸出を行う以前よりも、付加価値が増加している中小企業は、約4割にものぼっている（中小企業庁、2008、p.116）。輸出の業績への影響でみると、「企業の業績にプラスの影響を与えている」と回答した中小企業の割合は、間接輸出で約7割であり、直接輸出に至っては約8割にものぼっている（中小企業庁、2009、pp.92-93）。よって、中小製造業における直接輸出と売上高営業利益率の関係（図表1-10）をみてみると、直接輸出を行っている中小企業と行っていない中小企業との間で、売上高営業利益率が4.7％と2.4％と2倍近くの差がでている（中小企業庁、2009、pp.91-93）。加えて、輸出を継続的に行っている中小企業は、そうでない中小企業と比べると、国内の従業員数が増加する傾向にある（中小企業庁、2010、pp.163-164）。

つぎに、海外直接投資についてみてみると、海外直接投資を行っている中小企業の労働生産性（916万円）は、そうでない中小企業（760万円）よりも、

【図表1-10】　海外進出形態と売上高営業利益率の関係

(％)

| 海外進出形態 | | 売上高営業利益率 | | |
|---|---|---|---|---|
| | 有無 | 大企業 | 中小企業 | 総計 |
| 直接輸出 | 有 | 5.5 | 4.7 | 4.9 |
| | 無 | 3.6 | 2.4 | 2.5 |
| 海外事業所 | 有 | 5.3 | 3.7 | 4.4 |
| | 無 | 4.1 | 2.8 | 2.9 |

（資料）経済産業省「平成19年企業活動基本調査」再編加工（2009年）
（注1）ここでいう大企業とは、中小企業基本法に定義する中小企業以外の企業をいう。
（出所）中小企業庁（2009）、p.92を一部修正

かなり高くなっている。また、海外直接投資を行う以前よりも、付加価値が増加している中小企業は、約4割にのぼっている（中小企業庁，2008，pp.124-125）。この結果として、図表1-10をみてわかるように、中小製造業において海外展開している中小企業は、そうでない中小企業と比べると、売上高営業利益率で、前者が3.7%で後者が2.8%と格差がある（中小企業庁，2009，pp.91-92）。さらに、海外直接投資を行っている中小企業は、そうでない中小企業と比べると、国内従業員数が一時的に下回るが、後には上回る傾向にある（中小企業庁，2010，pp.163-164）。

以上のことを踏まえると、全体的には中小企業の国際化は、中小企業のパフォーマンスにプラスの影響を与えることが確認できる。とくに企業の国際化プロセスの初期の段階である輸出を活用している中小企業でも、かなりのパフォーマンスの向上がみられる。これに関しては、広い視野に立って、海外もしくは国内・海外を問わず新規販売先を開拓している中小企業ほど、業績が良くなっているという調査結果も存在している（中小企業庁，2009，pp.76-78）。このような事実は、国際化していない中小企業が海外市場の獲得に向けて、まずは国際化への第一歩を踏み出すことが、その存続と成長の一助になる可能性を示しているといえる[6]。

## 5. おわりに

冒頭で述べた、「なぜ今、中小企業の国際化戦略を論じる必要があるのか」という問いについて、ここまでの論考から垣間みえたことを2つの答えとしてまとめてみたい。

1つは、国際化していない中小企業や企業の国際化プロセスにおける初期の段階にある中小企業が多いため、大企業の多国籍企業化という事象を中心に発展してきた既存の国際化（グローバル化）理論をそのまま適用するだけでは、中小企業の企業行動をうまくとらえられない可能性があるというものである。よって、中小企業の国際化が、大企業と大同小異のプロセスを経ていくのか、

もしくは独自のプロセスを辿ることになるのかについては、今後注目すべき事象となる。

　もう1つは、中小企業の国際化は、全体としては大企業ほど進んでいないものの、国際化していない中小企業と国際化している中小企業とを比べると、後者の方が良好なパフォーマンスを示しているという事実が確認できることである。現在、中小企業を取り巻く環境の厳しさは増している。大企業を中心とした生産拠点の海外移転が進展する流れが止まることはないうえに、先の東日本大震災の影響によって加速する傾向すらうかがえる。また少子高齢化によって、国内の需要市場・供給市場の縮小が進む状況であることは、衆目の一致するところである。よって、繰り返しになるが、海外需要の獲得は日本の中小企業にとっての焦眉の課題といえる。

　では、中小企業の国際化の契機となる可能性があるものは、なんであろうか。経営戦略における有力な考え方の1つであるRBV（Resource-based View of the Firm）の代表的な論者であるBarneyは、企業間におけるパフォーマンスの相違の起源を、「幸運」または企業の持つ「非対称性」であると主張している。具体的にいうと、ある企業が、ある時点において、他の企業よりも優れた業績をあげているのは、その企業が資源の価値を知らずに偶然に手に入れたか、トップやミドルなどのマネージャーが、個人的な信念や卓越した洞察によって、競争相手に先んじて資源の価値に気付いたか、のどちらかの場合に限られるのである（Barney, 1986, pp.1233-1234）。そして、このような認知的な違いは、企業の外部環境の不確実性と複雑性によって影響を受ける。つまり、限られた情報処理能力を持つマネージャーは、企業の外部環境の不確実性について、それぞれ異なる期待を抱き、独自の判断（予測）を行い、それにもとづいて、企業の外部環境の複雑性に関して多様な評価を行うこととなる（Amit and Schoemaker, 1993, pp.40-41）。

　実際、経営者が比較的早い段階から海外市場を意識した方策を採ることによって、海外需要の獲得に成功している例も少なくない。具体的な事例については、以下の章に委ねることとするが、海外需要の獲得に成功した端緒は、潜

在的な海外の顧客に対するダイレクト・メールの郵送、海外の展示会への出展といったケースが多く、いずれも比較的採用しやすい手段だといえる。まずは一歩踏み出す、その勇気が、日本の中小企業に対して求められているのである。

[注]
1. なお、本節の内容は、遠原（2009）を加筆・修正したものである。
2. もう1つの形態として、フランチャイジングがある。これは、コンビニエンスストアなどの小売業に多く、他の企業に社名や商標などの使用許可と組織運営に関する援助を行う代わりに、ロイヤリティーなどを得る契約である。
3. なお、中小企業の国際化の歴史的変遷については、遠原（2006），pp.20-22 を参照されたい。
4. なお、本調査において、海外展開（現地法人の展開、海外支店の開設、海外事業所の開設、生産委託、業務提携（生産を除く））を行っている中小企業の割合は、7.3%であり、海外展開を予定している中小企業の割合は、3.6%である。
5. たとえば、東海地域の中小企業の中国進出事例を分析した舛山（2009）は、中小企業のグローバル化が、大企業のグローバル化と概ね類似性があるものの、人的資源管理については差異点が際立っていることを指摘している。具体的にいうと、経営幹部の現地化を強力に推進しているのである。これには、語学力を備えた人材が大企業に比べて格段に少ないことにより、日本語を中心とした経営が一般的であるため、日本語に堪能で、日本のことがわかるキーマンを作ることが、経営を軌道に乗せるために重要になるという判断があり、これを実現するために、日本への長期滞在経験が重視されていると指摘している（舛山，2009，pp.31-38）。
6. 詳しくは、第3章および第4章を参照されたい。

[参考文献]
浅川和宏（2003）『グローバル経営入門』日本経済新聞社
天野倫文（2008）「多国籍企業の組織能力とマネジメント：グローバル戦略と経営革新の組織的条件」伊藤秀史他（編）『現代の経営理論』有斐閣
商工中金調査部（2010）『金融・経済危機の中小企業に対する影響と海外展開に関する調査（2009年7月調査）』
髙橋浩夫（2000）『研究開発のグローバル・ネットワーク』文眞堂
丹下博文（2007）『企業経営のグローバル化研究：国際経営とマーケティングの発展』中央経済社

中小企業庁（各年度版）『中小企業白書』
遠原智文（2006）「グローバル化時代の中小企業」川上義明（編著）『現代中小企業経営論』税務経理協会
遠原智文（2009）「中小企業の成長とグローバル戦略」井上善海（編著）『中小企業の戦略：戦略優位の中小企業経営論』同友館
舛山誠一（2009）「中堅企業における国際経営の進化―東海地域中堅企業の中国進出事例分析から―」『産業経済研究所紀要』、第19号
山口隆英（2007）「グローバル企業の生産」安室憲一（編著）『新グローバル経営論』白桃書房
吉原英樹（2001）『国際経営［新版］』有斐閣
Amit, R. and Schoemaker, P. J. H. (1993) "Strategic assets and organizational rent," *Strategic Management Journal*, 14(1).
Barney, J. B. "Strategic factor markets: Expectations, luck and business strategy," *Management Science*, 32(10).
Bartlett, C. A. and Ghoshal, S. (1986) "Tap your subsidiaries for global," *Harvard Business Review*, November-December.（邦訳「子会社の役割差別化こそ多国籍企業の戦略のカナメ」『ダイヤモンド・ハーバード・ビジネス』2月-3月 ダイヤモンド社、1987年）
Birkinshaw, J. (1997) "Entrepreneurship in multinational corporations: the characteristics of subsidiaries initiatives," *Strategic Management Journal*, 18(3).
Birkinshaw, J. (2000) *Entrepreneurship in The Global Firm*, Sage Publications.
Chandler, A. D., Jr. (1962) *Strategy and Structure*, MIT Press.（有賀裕子訳『組織は戦略に従う』ダイヤモンド社、2004年）
Dunning, J. (1993) *Multinational Enterprises and the Global Economy*, Addison-Wesley Publishing Company.
Ghoshal, S. and Bartlett, C. A. (1990) "The multinational corporation as an interorganizational network," *Academy of Management Review*, 15(4).
Hedlund, G. (1986) "The hypermordern MNC: a heterarchy," *Human Resource Management*, 25(1).
Hedlund, C. and Rolander, D. (1990) "Action in heterarchies — new approaches to managing the MNC," *Managing the Global Firm*, in Bartlett, C. A., Doz, Y., and Hedlund, G. (eds.), Routledge.
Hymer, S. H. (1960) "The international operations of international Firms: a study of direct investment," unpublished Ph. D. MIT.（(1970) *The International Operations of National Firms*, MIT.）（宮崎義一編訳『多国籍企業論』岩波書店、1979年）
Jarillo, J. C. and Martinez, J. I (1990) "Different roles for subsidiaries: the case of

multinational corporations in Spain," *Strategic Management Journal*, 11(7).
Root, F. R. (1982) *Foreign Market Entry Strategies*, Amacom.(中村元一監訳・桑名義晴訳（1984）『海外市場戦略　その展開と成功のノウハウ』ホルト・サウンダース・ジャパン
Stopford, J. M. and Wells, L. T., Jr. (1972) *Managing The Multinational Enterprise : Organization of the Firm and Ownership of the Subsidiaries*, Basic Books.（山崎清訳『多国籍企業の組織と所有政策―グローバル構造を超えて―』ダイヤモンド社、1976年）
Taggart, J. H. (1998) "Strategy shifts in MNC subsidiary," *Strategic Management Journal*, 19(7).
Vernon, R. (1966) "International investment and international trade in the product cycle," *Quarterly Journal of Economics*, 80(2).

# 第2章

# 中小企業の海外生産展開

久保田　典男

## 1. はじめに

　国内の景気低迷や新興国市場の立ち上がりを受け、日本の大手完成品メーカーは部品調達先を新興国などからの現地調達へとさらにシフトさせていると考えられ、そのことが、日本国内に生産拠点を有し生産財[1]を生産する中小部品企業のさらなる売上、受注の停滞、減少につながっていると推測される。

　こうした状況を中小部品企業が打破する方向性の一つとして、「素形材産業ビジョン」[2]では、「海外で儲ける仕組み」、すなわち海外需要を取り込む生産体制の構築を提唱している。その背景には、海外生産展開は、工場移転＝国内での雇用喪失につながるのではなく、海外で獲得した利益を国内に還元し、研究開発や人材育成などに再投資することにより、国内のものづくりをさらに活性化させるという考え方がある。

　『中小企業白書2006年版』によると、機械産業を中心とした製造業においては、東アジア[3]との経済関係の深化が急速に進み、製品や生産工程の棲み分けによる濃密かつ強靭な国際ネットワークが東アジア内に形成されてきたことが指摘されている。このため、中小企業においても東アジアをはじめとした海外生産展開の重要性が拡大している。

　こうした中、すでに海外に生産拠点を有している中小部品企業がどのような事業展開の取組みを行っているのかを観察することは、今後の中小部品企業の国際化の方向性を考えるうえで有益であると思われる。

　そこで本章では、中小企業が海外生産展開を図るうえでどのような点に注意しなければならないかを、海外に生産拠点を有する中小部品企業の事業展開の取組みを通じてみていく。

　結論を先取りすると、中小企業が海外生産を図るうえでは、自社の持つ経営資源の特性に着目しつつ、どのような経営資源を海外拠点に移転し、どのような経営資源を移転せず国内拠点に残すかを戦略的に選択していくことが重要となる。また、中小企業は大企業と比べ、さまざまな制約を有することから、す

でに海外進出を果たした既存拠点の活用を図りつつ、その先で新たな展開を図っていくことが求められる。

本章では、まず、大企業も含めた企業の海外直接投資に関する論点を整理する。次に、中小企業の国際化における課題や、生産財の供給を担う中小部品企業の制約に触れつつ、中小部品企業の海外生産を考察するための視点を提示する。

そして筆者が過去に携わったASEANおよび中国の双方に生産拠点を持つ、中堅・中小部品企業の事例研究の成果にもとづいて、中小部品企業の海外生産展開の特徴をみていく。最後に事例の考察にもとづき、中小企業が海外生産展開を図るうえでどのような点に注意しなければならないかを提示する。

## 2. 企業の海外直接投資に関する論点整理

### (1) 日本の製造業における海外直接投資の歴史的経緯

企業の海外生産は、生産活動の目的でなされる海外直接投資の一形態であることから、ここではまず、日本の製造業の海外直接投資の歴史を振り返る。

1970年代以降のわが国製造業の海外直接投資件数の推移を主要地域別に示したのが図表2-1である。これをみると、投資件数の大きな変動があった時期の近辺において、為替相場の大きな変動があったことがわかる。

海外直接投資が大幅に増加した時期としては1972～1973年度、1978年度、1986～1988年度などがあげられる。1972～1973年度の近辺には、1971年12月のスミソニアン体制にもとづく円の切り上げや、1973年3月の変動相場制移行にともなう円高・ドル安があった。1978年度の近辺には、「カーターショック」といわれる米国の貿易収支の大幅な赤字やインフレ率の上昇にともなう円高・ドル安があった。また、1986～1988年度の近辺には1985年9月のプラザ合意を契機とする円高・ドル安があった。

また、海外直接投資が大幅に減少した時期としては1998年度があげられるが、1997年にはアジア通貨危機が起こっており、このことがアジア向けの投資件数の減少と関係していると考えられる。

**【図表 2-1】** 日本の製造業の海外直接投資件数の主要地域別推移
（年間のフローベース）

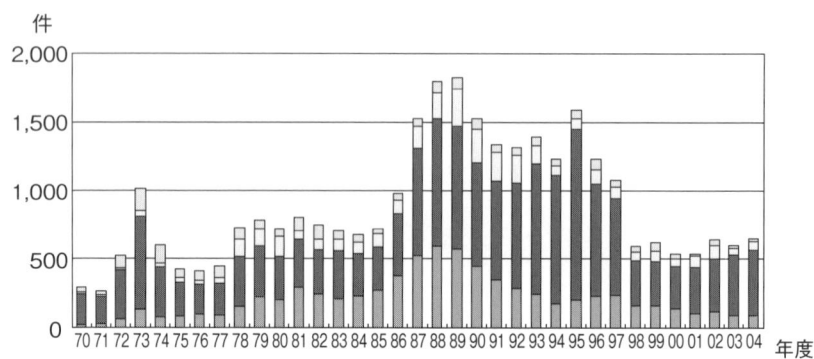

(注1) 外為法の改正により、80年11月までは許可ベース、その後は届出ベース。
(注2) 94年3月までは「3,000万円相当額以下」、94年3月以降は「1億円相当額以下」の対外直接投資については、本統計の届出不要限度額として反映されていない。
(注3)「対外及び対内直接投資状況」による統計数値の公表は2004年度までしか行われていない。
(資料) 財務省「対外及び対内直接投資状況」、大蔵省「対外直接投資届出統計」

しかし、為替相場の変動だけでは、海外直接投資の変動要因を充分には説明できない。なぜなら製造業の海外直接投資の変動には、為替相場以外のさまざまな要因が影響しているとともに、それらの要因の中身が段階を経て変化しているためである。海外直接投資の段階を大まかに区分すると、① 1970年代～1980年代前半、② 1980年代後半、③ 1990年代以降に分けられる。以下ではこれらの段階に分けて、海外直接投資の推移を主要地域別にみていくこととする（図表2-2）。

### ① 1970年代～1980年代前半

この時期の海外直接投資に影響を与えた主要因は、日米間、日欧間の貿易摩擦であると考えられる。日本の米国、西欧諸国への電気機械などの輸出が大幅に増加し、これらの諸国と日本との間の二国間の貿易収支が日本側の大幅な輸出超過となるのにともない、これら諸国では対日輸入に対してさまざまな新し

**【図表 2-2】** 日本の製造業の海外直接投資に影響を与えた主な要因

| 時期 | 海外直接投資に影響を与えた主な要因 | 海外直接投資の主な動き | 為替相場に関連する主な出来事 |
|---|---|---|---|
| 70年代～80年代前半 | ・貿易摩擦<br>（日米間、日欧間）<br>→米国、西欧諸国での現地生産の推進<br>→関税、輸入制限などの非関税障壁への対処<br>・アジアNIES諸国などの輸出志向型の工業政策<br>→輸出加工区、経済特区の地域に進出<br>→貿易摩擦への対処 | ・1972年度、73年度に海外直接投資急増　アジアではNIES向けの増加<br>・70年代終わり頃から80年代にかけ北米、欧州向け割合の増加<br>・78年度に急上昇 | ・スミソニアン体制に基づく円切り上げ（71年12月）<br>・変動相場制移行に伴う円高・ドル安（73年3月）<br>・円高・ドル安（カーターショック）（78年） |
| 80年代後半 | ・低賃金労働の利用<br>→労働集約的・技術的にそれほど複雑でない生産工程の移転 | ・アジア向け投資はNIESからASEANに徐々にシフト | ・プラザ合意に伴う円高・ドル安（85年） |
| 90年代以降 | ・中国の改革・開放政策進展、中国市場等の拡大<br>・アジア地域の企業の能力向上、産業集積の進展<br>・中国WTO加盟（01年12月） | ・90年代以降米国向けの割合低下<br>・98年、99年度とアジア向けの割合低下<br>・2000年以降アジア向けの割合上昇 | ・アジア通貨危機（97年） |

（出所）各種資料にもとづき筆者作成

い貿易障壁を設けるとともに、既存の障壁が高められていった。こうした動きを受けて、日本の製造企業は米国や西欧諸国に直接投資を行い、これらの諸国で現地生産を開始したことから、この時期に北米、欧州向けの比率の上昇がみられた。

また、この時期には日本の製造企業によるアジアNIES諸国への工場建設も行われた。その背景にあるのは、アジアNIES諸国などにおける輸出志向型の工業政策である。これらの国では輸出加工区や経済特区などを設け、先進国の資本および技術を招き入れて、現地の豊富な労働力と結びつけることによって、輸出を拡大する政策が推進されていた。さらにこれらのアジア諸国が欧米との貿易摩擦に関する市場秩序維持協定（OMA）[4]の対象となっていない場合

には、それらの国で生産を行って欧米に輸出すれば、貿易摩擦を回避することも可能となったのである。

### ② 1980年代後半

この時期の海外直接投資に影響を与えた主要因は、プラザ合意後の円高・ドル安などにともなう、海外生産による低賃金労働の利用であると考えられる。大幅な円高の進展は日本国内の賃金やその他の生産費が欧米やアジア諸国と比べて短期間で大幅に上昇したことを意味する。このため、とくに賃金の低いアジア地域を中心に、労働集約的な生産工程や技術的にそれほど複雑でない生産工程の移転が行われた。また、アジアNIES諸国の賃金の上昇にともない、アジア地域への投資はNIES諸国からASEAN諸国に徐々にシフトしていった。

### ③ 1990年代以降

この時期の海外直接投資に影響を与えた主要因は、中国の改革・開放政策進展にともなう中国市場の拡大や、アジア地域の企業の能力向上、産業集積の進展である。アジア通貨危機の影響を受けた1998、1999年度を除けば、1990年度以降はおおむね北米向け比率の低下、アジア向け比率の上昇がみられている。とくに中国がWTOに加盟した2001年12月の近辺からはアジアの中でも中国向けの海外直接投資が増加したと考えられる。

このように日本の製造業の海外直接投資の歴史を振り返ってみると、立地論的な要因が深く関わっていることがわかる。鈴木(1994)は、立地論という視点から、多国籍企業の立地要因と国際的立地条件を整理した（図表2-3）。多国籍企業の立地要因は、労賃の大幅な国際的格差（ここでの格差は賃金格差だけでなく、熟練・技能といった労働の質的差異も含む）を立地条件とする労働費用要因、インフラ整備、サポーティングインダストリーの集積などの外部経済を立地条件とする集積（外部経済）要因、輸送費用要因（輸送費用要因は、各国間における距離を立地条件とする物理的要因と、関税、非関税障壁などを立地条件とする人為的要因にさらに分けられる）、市場のニーズの国際的な相

【図表2-3】 立地論の視点からみた多国籍企業の立地要因と国際的立地条件

| 多国籍企業の立地要因 | 国際的立地条件 |
|---|---|
| ●労働費用要因 | ・労賃の大幅な国際的格差<br>　（賃金格差、労働の質的差異） |
| ●集積（外部経済）要因 | ・外部経済の相違<br>　（インフラ整備、サポーティングインダストリーの集積） |
| ●輸送費用要因<br>　・物理的要因<br>　・人為的要因 | ・各国間における距離<br>・保護貿易措置（関税、非関税障壁） |
| ●収入要因（市場への接触の利益） | ・市場のニーズの国際的な相違<br>・海外市場動向の不確実性<br>・受入国政府の投資優遇措置 |
| ●生産費用の追加的要因 | ・文化、慣習の違い、受入国政府の投資規制 |

(出所) 鈴木 (1994) にもとづき作成

　違、海外市場動向の不確実性、受入国政府の投資優遇措置などを立地条件とする収入要因（市場への接触の利益）、文化、慣習の違い、受入国政府の投資規制などを立地条件とする生産費用の追加的要因などに分類される。

　こうした多国籍企業の立地要因と立地条件を、日本の製造業の海外直接投資の歴史にあてはめると、次のように整理できる（図表2-4）。① 1970年代～1980年代前半は、貿易摩擦にともなう米国や西欧諸国などの保護貿易措置を主たる背景とした輸送費用要因が主要因となって、欧米での現地生産やアジアNIESなどの輸出加工区への進出が行われた。② 1980年代後半は、プラザ合意後の円高・ドル安などにともなう労働費用要因が主要因となって、コストダウンを目的としたASEAN諸国などへの進出が行われた。③ 1990年代以降は、市場の拡大、多様化などを背景とした収入要因（市場への接触の利益）が主要因となって、消費地立地が進んだ。また、アジア諸国のインフラ整備や地場企業の能力向上を背景とした集積（外部経済）要因のメリットが見出されるようになった。このような経緯から、1990年代以降に日本の製造業のアジアでの海外生産が本格化したと考えられる。

**【図表2-4】** 日本の製造業の海外直接投資の歴史と主な立地論的な要因の関係

|  | 立地要因 | 背景 |
| --- | --- | --- |
| 70年代<br>～80年代前半 | ●輸送費用要因（人為的要因）<br>→・欧米での現地生産<br>　・アジアでの輸出加工区への進出 | 保護貿易措置（関税、非関税障壁） |
| 80年代後半 | ●労働費用要因<br>→コストダウン目的の進出 | プラザ合意後の円高にともなう賃金格差 |
| 90年代以降 | ●収入要因（市場への接触の利益）<br>→消費地立地<br>●集積（外部経済）要因 | 市場の拡大、多様化<br><br>進出先のインフラ整備<br>地場企業の能力向上 |

（出所）鈴木（1994）などを参考に筆者作成

## （2）経営資源の移転としての海外直接投資

　企業の海外直接投資については、経営資源の移転として理解する見方がある。ここでは中小企業の海外直接投資（海外生産）を経営資源の移転として捉えていくにあたり、これまでの先行研究を整理しておく。

　Penrose（1959）は、どのような要因が企業の成長を可能にするかという視点から、新規市場への経営資源（managerial resources）の蓄積、拡張として海外直接投資を捉えた。

　小宮（1975）は、こうしたPenroseの企業成長の理論を基礎に置き、海外直接投資を経営資源の移転と捉える視点を提示した。小宮（1975）によると経営資源とは、「外面的には経営者を中核とし、より実質的には経営管理上の知識と経験、パテントやノウハウをはじめマーケティングの方法などを含めて広く技術的・専門的知識、販売・原料購入・資金調達などの市場における地位、トレード・マーク（ブランド）あるいは信用、情報収集・研究開発のための組織などをさす」としている。

　企業がどのような製品を作るか、あるいはどういう事業分野に進出するかは、企業が現在保有する（および将来獲得する）さまざまな経営資源を有効に利用するにはどうすればよいか、という観点から決定される。そして企業が新

分野や外国に進出するのは、企業が保有しているさまざまな経営資源を使って獲得する利潤（限界生産性）が、従来の分野や国内におけるよりも高いと予想されるからである、と主張した。

Williamson（1975）、今井・伊丹・小池（1982）は、取引を不完全な市場に任せるよりも、企業内に「内部化」したほうが取引コストの節約につながる場合があるとし、付加価値は企業内部で生み出されるとした。こうした内部化が取引コストの節約を可能にし、企業が拡大していくという内部化理論の考え方は、国境を越えて行われる取引にも適用され、企業の多国籍化を説明する理論として広く受容されている。

こうした内部化理論を受けて、小宮（1988）は、自身の直接投資の理論の拡充を図り、企業の「内部組織」あるいは準内部組織を利用した方が「市場」を使うよりもしばしばより効率的であるとした。そして直接投資に対し、「市場ではなく企業の内部組織や準内部組織を使って、異なる地点に資源や情報を移転し、また異なる地点での生産活動を組織する方法」という視点を加味している。

## 3. 中小部品企業の海外生産を考察するための視点

これまでは、日本の企業全般の話として海外直接投資に関する論点を整理したが、ここでは中小企業に焦点を当て、中小企業の国際化における課題を概観するとともに、中小企業の中でもとくに中小部品企業が有する中小企業的制約について整理する。

### (1) 中小企業の国際化における課題

『中小企業白書 2010年版』では、国際化を実際に行っている中小企業の課題を直接投資企業と輸出企業等に区分して示している。

これによると、輸出企業、直接投資企業ともに「品質管理」や「コスト管理」、「販路の確保・拡大、マーケティング」の割合が高いが、とくに直接投資企業においては輸出企業等と比較して、「人材確保・労務管理」といった人材

面の課題や「投資費用の調達・資金繰り」といった資金面での課題を挙げる企業が多い。中小企業は大企業と比べて人材面、資金面などの制約が大きいが、これらの制約が、中小企業が海外直接投資を行うにあたり、課題として重くのしかかっているのである。

## (2) 生産財の供給を担う中小部品企業の制約

中小企業の中でも、とくに受注生産による生産財(部品、加工品)の企業間取引を行う中小部品企業に焦点を当てた場合、さらに以下の2つの中小企業的制約があると考えられる。

### ①顧客企業の影響の強さ

中小企業庁(2006)によると、中小製造業の東アジアへの進出当初の目的のうち、「取引先からの進出要請」、「取引先の海外展開への自社判断での追随」の合計は、進出年次1996～2000年の企業で45.4%、進出年次2001年以降で42.5%と高い割合を占めている。とくに1990年代以降、大企業の海外生産シフトがますます進展する中で、中小製造業においてはこうした取引先追随型の海外進出が増加している(図表2-5)。

このように受注生産を主とする中小部品企業の場合は、発注元である大手完成品メーカーを中心とする顧客企業の動向に左右されるため、製造業全般と比較して、進出の動機・背景としては顧客企業に関連したものがかなり多く、かつ進出後も顧客企業の影響をより受けやすいと考えられる。

しかしながら、進出当初に既存の顧客企業からの仕事量の確保がある程度見込めた場合でも、現地の地場企業の技術力向上や産業集積の進展などにより、将来に亘っての継続的な受注を保証できなくなっている。このような制約下で中小部品企業は取引先数や取引量の確保を行わなければならない。

### ②撤退・移転の困難性

部品の組立を事業の中心とする完成品メーカーの場合は、主要設備が建物や

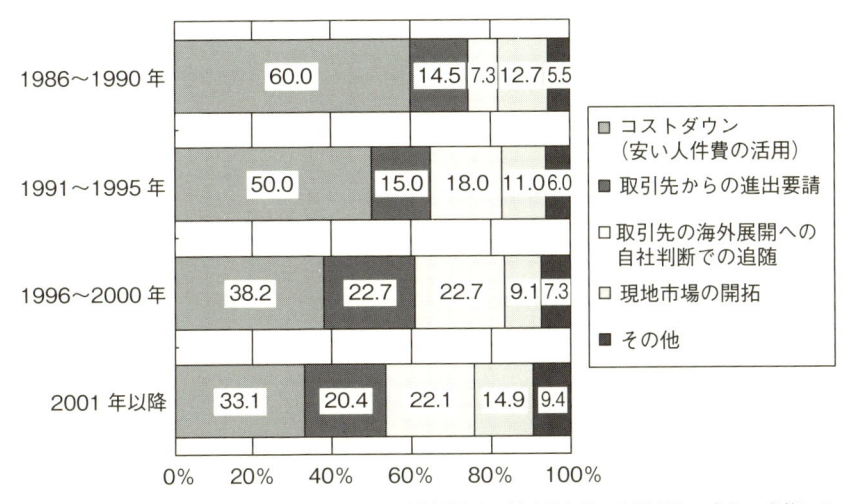

**【図表2-5】** 東アジア進出時の製造拠点の目的（進出年次別）

| 進出年次 | コストダウン（安い人件費の活用） | 取引先からの進出要請 | 取引先の海外展開への自社判断での追随 | 現地市場の開拓 | その他 |
|---|---|---|---|---|---|
| 1986～1990年 | 60.0 | 14.5 | 7.3 | 12.7 | 5.5 |
| 1991～1995年 | 50.0 | 15.0 | 18.0 | 11.0 | 6.0 |
| 1996～2000年 | 38.2 | 22.7 | 22.7 | 9.1 | 7.3 |
| 2001年以降 | 33.1 | 20.4 | 22.1 | 14.9 | 9.4 |

（資料）三菱UFJリサーチ＆コンサルティング(株)「最近の製造業を巡る取引環境の変化の実態にかかるアンケート調査（2005年11月）
（出所）中小企業庁編（2006）、p.80にもとづき筆者作成

作業台などの場合が多いため、設備の移転などが比較的容易であると考えられる。しかし、生産財を製造する中小部品企業は設置する機械設備などが大型である場合が多い。また、設備の条件設定や設備の操作を行う人材育成に時間を要する。このため完成品メーカーと比較して、設備投資、人材育成に関するコスト負担が重くなる傾向がある。まして、資金的、人材的に制約の大きい中小部品企業の場合、負担がさらに重くのしかかることはいうまでもない。このため、一旦進出すると容易に撤退したり、他の拠点に移ったりすることができなくなるという制約を有している。

### (3) 中小部品企業の海外生産を考察するためのフレームワーク

ここでは、これまでの内容を踏まえつつ、中小部品企業の海外生産を考察するためのフレームワークを提示する。

2(1)の日本の製造業における海外直接投資の歴史的経緯の整理では、そこ

に立地論的な要因が深く関わっていることを示した。

中小部品企業の場合、進出の動機、背景としては、取引先からの進出要請、取引先の海外展開への追随によるものが多いが、顧客企業の動向、立地論的要因といった単純な誘因だけでなく、各国内、海外の機能分担を戦略的に行うことで全体の最適化をどのように図るかといった総合的な視点が必要となっている。

その一方で、中小部品企業は①顧客企業の影響の強さ、②撤退・移転の困難性という中小企業的制約を抱えている。このため、中小部品企業の海外生産をみるには、中小企業的制約を抱える中で、本社と海外拠点の機能分担、経営資源の適性配置をどのように図るかといった「制約付きの全体最適化」という考え方が必要になるのではないだろうか。

そこで、本章では中小部品企業の生産機能の国際的配置について、2（2）で示したような経営資源の移転という見方をとることとする。そして中小部品企業が顧客企業の影響の強さおよび撤退・移転の困難性という中小企業的制約を抱えていることを前提に置いた上で、その海外直接投資を考察するにあたり、経営資源の移転という概念からさらに一歩踏み込んで、①移転される（またはされない）経営資源の特性に着目する。言葉を換えて言えば、国内に残す機能と海外に移転する機能をどのように戦略的に選択しているかという視点が重要となる。中小部品企業は、顧客企業の動向や立地論的な要因などの外部環境と、経営資源の特性などの内部環境との間で戦略を構築し、生産機能の国際的配置を行っていると考えられる。その中でも本章では、とくに内部環境に焦点を当てて考察を行う。

また、中小部品企業の生産機能の国際的配置にともなう「制約付きの全体最適化」を考察するにあたり、②海外進出後の既存拠点の活用とその先の新たな展開に着目する。

資金的、人材的に制約の大きい中で、設備投資、人材育成に関するコスト負担が重い中小部品企業の場合、一旦海外に進出すると容易に撤退したり、他の拠点に移ったりすることは容易ではない。このため一旦進出した既存の拠点を

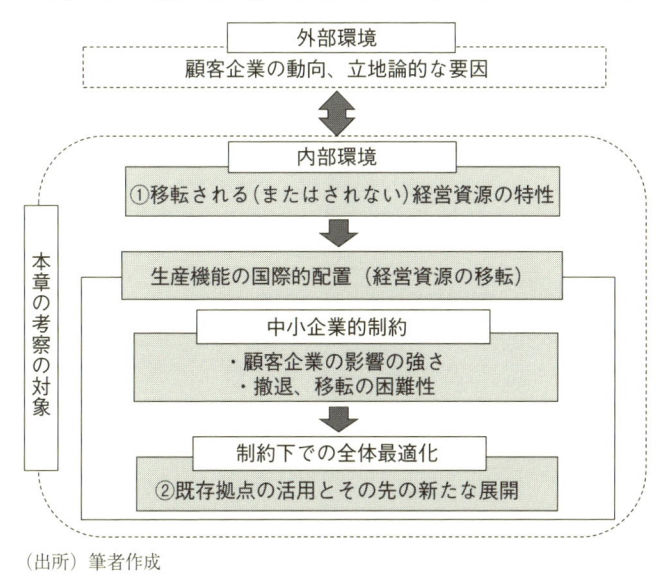

【図表2-6】 中小部品企業の海外生産展開を考察するためのフレームワーク

```
                    ┌──────────────────────┐
                    │      外部環境          │
                    │ 顧客企業の動向、立地論的な要因 │
                    └──────────┬───────────┘
                               ↕
      ┌────────────────────────────────────────┐
      │            ┌──────────────┐              │
      │            │   内部環境    │              │
      │            └──────────────┘              │
 本   │   ①移転される（またはされない）経営資源の特性  │
 章   │                    ↓                     │
 の   │   ┌────────────────────────────────┐     │
 考   │   │ 生産機能の国際的配置（経営資源の移転）│     │
 察   │   └────────────────────────────────┘     │
 の   │         ┌──────────────────┐             │
 対   │         │   中小企業的制約   │             │
 象   │         ├──────────────────┤             │
      │         │・顧客企業の影響の強さ│             │
      │         │・撤退、移転の困難性 │             │
      │         └──────────────────┘             │
      │                    ↓                     │
      │         ┌──────────────────┐             │
      │         │ 制約下での全体最適化 │             │
      │         ├──────────────────┤             │
      │         │②既存拠点の活用とその先の新たな展開│ │
      │         └──────────────────┘             │
      └────────────────────────────────────────┘
```

（出所）筆者作成

どのように生かして、全体の最適化を図ろうとしているのかに留意する必要がある。

また、先述したように、中小部品企業は、進出当初の仕事量が将来に亘って保証されるとは限らない傾向にある。このため、進出後にマーケットの拡大や各拠点の機能の変化などといった新たな展開がみられるかどうかに留意する必要がある。

以上、中小部品企業の海外生産展開を考察するためのフレームワークを示すと図表2-6のようになる。

## 4. 事例分析
## ―ASEAN および中国の双方に生産拠点を持つ中堅・中小部品企業

(1) 事例企業の分類

ここからは筆者が過去に携わった ASEAN、中国の双方に生産拠点を持つ、

【図表2-7】 事例企業の概要

| 企業名 | 従業員数(人) | 東アジアの主な生産拠点（進出年） |
|---|---|---|
| 半導体部品製造業 A 社 | 169 | タイ(96)　　中国：東莞(97)、上海(97) |
| 電気接点製造業 B 社 | 160 | 台湾(73)　　マレーシア(88)　　中国：アモイ(04) |
| はんだ製造業 C 社 | 500 | マレーシア(89)　　中国：北京(94)、香港(95)、天津(00)、恵州(01)、上海(02)　　フィリピン(95)　　台湾(05) |
| 金属部品製造業 D 社 | 400 | 台湾(65)　　シンガポール(79)　　マレーシア(91)　　中国：華東(92)、華南(00)　　タイ(96) |
| 精密ゴム製品製造業 E 社 | 438 | シンガポール(87)　　マレーシア(88)　　中国：香港(86)、深セン(94)、上海(98) |
| プラスチック成形部品製造業 F 社 | 30 | マレーシア(89)　　中国：上海(96) |
| 電線・ケーブル製造業 G 社 | 50 | マレーシア(92)　　中国：東莞(97)、上海(98)、杭州(04)　　タイ(03) |
| アルミホイール製造業 H 社 | 370 | フィリピン(89)(92)　　タイ(96)(00)(02)　　中国：煙台(92)、昆山(01)(02) |
| プラスチック成形部品・金型製造業 I 社 | 165 | タイ(01)　　中国：上海(01)、蘇州(01)(02)、常州(02) |
| めっき加工業 J 社 | 231 | シンガポール(79)　　マレーシア(95)　　タイ(01)　　中国：東莞(95)、恵州(05) |
| プラスチック成形部品製造業 K 社 | 296 | タイ(95)(01)　　中国：上海(01) |
| トランス製造業 L 社 | 70 | タイ(89)　　中国：深セン(97) |
| 金属プレス部品製造業 M 社 | 75 | マレーシア(93)　　中国：中山(04) |
| プラスチック成形部品製造業 N 社 | 300 | タイ(97)　　中国：蘇州(02) |
| 自動車部品製造業 O 社 | 非公開 | タイ　　中国 |

(出所) 中小企業金融公庫総合研究所「生産拠点の国際的な機能配置」
中小公庫レポート No.2005-8 にもとづき筆者作成、以下記載のない限り同じ

自動車または電気機械産業の中堅・中小部品企業15社の事例研究（図表2-7）[5]の成果にもとづいて、中小部品企業の海外生産展開にどのような特徴がみられるかを既述のフレームワークに沿ってみていく。

経営資源の特性については、量産以降の生産段階において、企業の強みに匹敵する「中核的な経営資源」を明確に区分しやすいか否かという点に着目して、事例企業のパターン分けを試みた（図表2-8）。

まず「中核的経営資源を区分しやすい」ものについては、日本国内でブラックボックス的な生産工程を有する企業群として〈タイプ1〉とした。またそのような生産工程を（相対的に）有さず、一貫生産による総合的な技術力を強みとするものについては、「中核的経営資源を区分しにくい」企業群として〈タイプ2〉に大別した。

さらに、〈タイプ1〉の中でも、「中核的経営資源」が顧客企業との摺り合わせの中から生まれる度合いが強いために国内にブラックボックス的な機能を置く企業については、〈タイプ1〉の中でも相対的に中核的な経営資源を区分しにくいものとして〈タイプ1'〉とした。

**【図表2-8】 経営資源の特性にもとづいた事例企業の分類**

| 中核的な経営資源を区分しやすい企業群 ブラックボックス的な生産工程あり（国内外の生産機能が異なる） | | 中核的な経営資源を区分しにくい企業群 ブラックボックス的な生産工程なし（国内外の生産機能を同じとすることを志向） | |
|---|---|---|---|
| 〈タイプ1〉（独自に開発した技術・ノウハウに強みが起因） | 〈タイプ1'〉（顧客企業との摺り合わせから生まれる技術・ノウハウに強みが起因） | 〈タイプ2'〉（現在では、金型製造など一部海外ではできない生産機能あり） | 〈タイプ2〉（一貫生産、総合力などに強み） |
| ・A社（半導体部品）<br>・B社（電気接点）<br>・C社（はんだ） | ・D社（金属部品）<br>・E社（精密ゴム製品） | ・M社（金属プレス部品）<br>・N社（プラスチック成形）<br>・O社（自動車部品） | ・F社（プラスチック成形）<br>・G社（電線・ケーブル）<br>・H社（アルミホイール）<br>・I社（プラスチック成形・金型）<br>・J社（めっき加工）<br>・K社（プラスチック成形）<br>・L社（トランス） |

より中核的な経営資源を区分しやすい ←―――→ より中核的な経営資源を区分しにくい

（出所）久保田（2007）、p.53にもとづき作成

また、「中核的経営資源を区分しにくい」〈タイプ２〉の中でも、難易度が高い金型などについては国内拠点で生産して海外拠点に供給する企業が存在する。金型は部品加工を行うために最終的にはプレス機やプラスチック成形機などに設置されるため生産機能を完全に区分することはできないが、高難度の一部の金型については国内拠点で製造されているのである。こうした企業については、〈タイプ２〉の中でも相対的に中核的な経営資源を区分しやすいものとして〈タイプ２'〉とした。

(2) 企業事例
　ここからは、〈タイプ１〉と〈タイプ２〉の典型的な事例を１社ずつ取り上げ、①経営資源の特性と生産機能の国際的配置、②既存拠点の活用とその先の新たな展開についてみていく。

〈タイプ１：中核的な経営資源を区分しやすい企業群〉
　　〜半導体部品製造業Ａ社
●経営資源の特性と生産機能の国際的配置
　Ａ社はサーミスタの中核部品である特殊な素子の量産化技術を中核的経営資源とする企業である。サーミスタとは、わずかな温度の変化によって電気抵抗が大幅に変わる半導体の性質を利用した素子であり、温度測定や電力測定のためのセンサーとして、家電から自動車まで幅広い分野で用いられる。サーミスタ素子の製造は国内拠点の中でも１工場に集約し、「ブラックボックス化」されている。
　こうして国内１拠点で生産されたサーミスタ素子は、タイと中国の海外拠点に供給される。海外拠点では国内拠点から供給された素子を用いサーミスタの組立を行っている。タイで製造される製品は主にエアコン向けであり、中国で製造される製品はエアコン向けや事務機器向けである。海外拠点はいわば国内工場の分工場的位置付けである。一方、国内工場はマザー工場として海外工場を指導したり、人材を育成・輩出したりする役割も担っている。

●既存拠点の活用とその先の新たな展開

　A社は、海外進出をする前は、あまり国内のエアコン関連のシェアが高くなかったが、タイ、中国への海外展開を契機に顧客企業の海外拠点の近くに進出してエアコン分野の販売を拡大する戦略がうまくいき、シェア拡大に成功した。また、進出当初は海外拠点で安く作って日本に持ち帰るといった日本への持ち帰り生産が多かったが、進出先における新規顧客開拓による売上増加にともない、持ち帰り生産の割合が徐々に低下している。主力顧客企業の一部にベトナム進出の動きがあるが、その動きに対応して慌ててベトナムに進出することは考えておらず、既存のタイ拠点を拡張するのが効果的と判断している。

〈タイプ２：中核的な経営資源を区分しにくい企業群〉
　　～アルミホイール製造業Ｈ社
●経営資源の特性と生産機能の国際的配置

　Ｈ社はアルミホイールおよび自動車鋳造部品の製造販売を行う企業で、アルミの材料開発、独自の鋳造技術、高品質の部品やホイールの技術開発力などの総合的な技術力を中核的経営資源とする企業である。ASEANにはフィリピンとタイに生産拠点を有し、中国には煙台と昆山に生産拠点を有している。

　国内拠点では、研究開発、技術開発の機能を配置し、軌道に乗せてから海外拠点に技術移転している。これは顧客企業が、研究・技術開発の機能を日本に残していることに対応したものであるが、Ｈ社は将来的には海外でも開発や試作を行うことを志向している。また、国内拠点では高付加価値品の製造を主に行っているが、「日本でしかできないものはなく、海外はタイムラグだけ」というのが同社の生産に対する基本的な考え方である。

　各海外拠点では現時点で、タイではアルミホイール中心、中国（煙台）では鋳造部品の素形材中心など製造品目、製造機能に違いがみられているが、今後は中国（煙台）でもアルミホイール生産、タイでも鋳造部品生産に進出するなど、それぞれの拠点でアルミホイールと自動車鋳造部品の両方を製造したいという意向を持っている。また、タイで金型、製造設備製作を行う拠点を設置

し、タイをグループの金型生産拠点とする方針である。

●**既存拠点の活用とその先の新たな展開**

　H社は海外展開を契機に鋳造部品製造からアルミホイール製造に進出し、従来の販売先とは別の新しい大手自動車メーカーとの取引を拡大することで脱下請を実現した経緯がある。

　また、最初に海外進出を果たしたフィリピン拠点では、技術がわかり英語が堪能な人材を他の海外拠点に供給するという人材供給基地的な役割を果たしている。また、独資で設立した中国（昆山）での鋳造部品の生産拠点は、台湾企業との合弁によって設立したアルミホイール製造拠点の隣の敷地に設置し、合弁パートナーのサポートを得ることで円滑に工場建設を進めるなど、既存拠点を生かす取組みがみられている。

## （3）企業事例の考察
### ①経営資源の特性と生産機能の国際的配置

　事例企業15社について生産機能の国際的配置の状況をみると、経営資源の特性のうち「中核的な経営資源」を明確に区分しやすいか否かという点に着目して区分したタイプによって、生産機能の国際的配置のあり方が異なっている。

　たとえば、〈タイプ1〉の企業は、オリジナルな材料や中核部品、装置など「中核的経営資源」を明確に区分しやすい点が特徴である。このため生産機能の配置にあたっては、「中核的経営資源」を活用した財の生産は技術流出を防ぐために国内でブラックボックス的に行い海外拠点に供給するという工程間分業がみられている。国内拠点と海外拠点の生産機能は異なっており、海外拠点には「中核的経営資源」以外の周辺な経営資源が配置される戦略がとられる。

　一方、〈タイプ2〉の企業は、「中核的経営資源」を区分しにくく、海外でも総合的な技術力を強みとして顧客企業のニーズにきめ細かく応えることを目指している。したがって、経営資源全体を海外に移転しようとするインセンティ

ブがはたらくことから、生産機能の配置にあたっては国内外で同様の一貫生産体制の機能を持つことを目指しており、国内外の生産機能は同じか、同じであることを志向した戦略がとられている。

②事例企業の東アジア進出の主な動機

事例企業15社の東アジアへの進出の主な動機を整理すると、顧客企業からの進出要請が4社、顧客企業の海外展開への自社判断による追随が2社、顧客企業からの進出要請と顧客企業の海外展開への自社判断による追随の両方が9社となっており、海外進出を行うにあたり、事例企業15社のすべてが何らかの形で顧客企業の影響を受けていることがわかる。このことから、受注生産による中小部品企業では、発注先である大手完成品メーカーを中心とする顧客企業の動向に左右されやすいという制約を有していることが確認できる。

③既存拠点の活用の状況

事例企業における既存拠点の活用の状況についてみると、初期に進出した海外拠点の人材または技術の蓄積を活用（6社）、初期に進出した拠点の通商面での優位性を活用（2社）、1つのエリアに2拠点を持ちバックアップ体制、棲み分けを推進（2社）、既存の合弁会社のパートナーのノウハウを活用（1社）となっている。

顧客企業の他の国への移転の動きについては、追随する方針を明確に固めている企業は15社中1社しかなく、他の14社は既存拠点の活用で対処する方針である。その主な要因としては、資金的、人的制約が大きいことや、初期に進出した海外拠点の人材または技術の蓄積を評価しており、それらを活用したほうが進出先で一から立ち上げるよりも効率的と考えていることが大きい。

このように中小部品企業においては、撤退・移転の困難性があるため、既存の顧客企業が他の拠点などへの移転を行った場合でも、むしろ初期に進出した拠点における人材や技術の蓄積を活かし、既存拠点の人材を他の海外拠点立ち上げのサポート要員として活用したり、同じ域内の海外拠点の司令塔的役割と

して活用したりするなどの既存拠点を生かす取組みがみられる。また、シンガポール拠点における通商面の優位性など、既存地域の立地優位性を活用する取組みなどもみられる。

### ④東アジア進出後の新たな展開

事例企業における東アジア進出後の新たな展開についてみると、海外拠点での新規取引開拓（7社）、海外拠点での新規事業分野進出（6社）、日本への持ち帰りから現地での販売へのシフト（5社）、労働集約的な工程等の海外拠点への大幅なシフト（4社）、海外拠点で設備製作、金型製作などの開始（3社）、海外拠点で開発、試作を行う意向（1社）の順となっている。

このことから事例企業では、進出当初の顧客企業との取引が、顧客企業の他の拠点への移転などによって縮小した場合でも、新規取引先の開拓や、新規事業分野への進出などによって対処していることが示されている。また、海外拠点で製造設備や金型などを製作し、他の拠点へ供給するなど海外拠点の機能の拡大もみられている。

## 5. おわりに

このように、「中核的な経営資源」を明確に区分しやすいか否かという経営資源の特性に着目した事例企業のタイプに沿って、生産拠点の国際的配置の状況を、企業事例を通じてみてきた。

事例企業の初期における海外進出の要因は、すべての場合において顧客企業からの進出要請や顧客企業の海外進出への自社判断による対応である。しかしながら、各企業は顧客企業の動向に配慮しつつも、進出後は自社の経営資源の特性などを考慮した海外戦略にもとづいて生産機能の国際的配置を図っている。

中小部品企業は、輸送費用要因、労働費用要因、市場への接触の利益、集積要因などといった立地論的な要因や、顧客企業の動向などといった外部環境

と、経営資源の特性などの内部環境との関係の中で戦略を構築し、国内にどのような経営資源を残し、海外にどのような経営資源を移転させるかといった生産機能の国際的配置を行っている。経営資源の移転をともなう以上、顧客企業からの要請・対応や立地論的な要因といった単純な誘因だけではなく、企業の戦略という極めて主体的なファクターを抜きにしては中小部品企業の海外生産を理解することはできないのである。

これらを踏まえると、中小部品企業が海外生産展開を図るうえでどのような点に注意しなければならないかが明らかとなる。

第一に、自社の経営資源の特性を把握すること、言い換えれば自社の強みが何かを充分に把握することが求められる。そして、自社の強みにもとづいて、何を海外の生産拠点に移転し、何を移転しないで国内拠点に残すかを決めることが重要となる。

第二に、既存の生産拠点の活用を図りつつ、その中で新たな展開を図ることが求められる。中小部品企業は顧客企業の影響を受けやすいことに加え、人的、資金的制約などから容易に撤退したり、移転したりできないという中小企業的制約を有している。中小部品企業は、こうした制約を抱えた中で「制約付きの全体最適化」を図っていくことが重要となるのである。

本章で取り上げた事例企業は、すでにASEAN、中国に生産拠点を有している中小部品企業に限定したものである。しかし、本章の結論から得られる示唆は、ASEAN、中国の双方に進出する中小部品企業のみに限られるものではない。顧客企業の動向、立地論的な要因、経営資源の特性を見極めつつ、戦略を構築し生産機能の配置を行うことで制約下での全体最適化を図っていくことはすべての中小部品企業に共通する方向性といえよう。ものづくり企業の海外進出が進む中、わが国の中小部品企業が生産機能の配置を最適に行うことによってさらに躍進することが期待される。

[注]

1. 『中小企業白書2006年版』では「中間財」という表記が用いられているが、本書

では「生産財」という表記を用いることとする。
2. 「素形材産業ビジョン」は 2006 年 5 月に策定され、その後の環境変化を受けて追補版が 2010 年 6 月に策定された。
3. 本章では、「東アジア」については、日本、中国、アジア NIES、ASEAN を指す。アジア NIES は、韓国、台湾、香港、シンガポールの 4 か国・地域を指す。ASEAN は、タイ、フィリピン、インドネシア、マレーシア、シンガポール、ブルネイ、ベトナム、ラオス、ミャンマー、カンボジアの 10 か国を指す。
4. Orderly Marketing Agreement の略。
5. 企業事例の詳細については、中小企業金融公庫総合研究所（2006）に詳しく記載されている。

[参考文献]

今井賢一・伊丹敬之・小池和男（1982）『内部組織の経済学』東洋経済新報社
久保田典男（2007）「生産機能の国際的配置―中小企業の海外直接投資におけるケーススタディ―」『中小企業総合研究』第 6 号、pp. 43-61
小宮隆太郎（1975）『現代日本経済研究』東京大学出版会
小宮隆太郎（1988）『現代日本経済：マクロ的展開と国際経済関係』東京大学出版会
鈴木洋太郎（1994）『多国籍企業の立地と世界経済―インターナショナル・ロケーションの研究―』大明堂
素型材産業ビジョン検討会（2010）「素型材産業ビジョン　追補版」
中小企業金融公庫総合研究所（2006）「生産拠点の国際的な機能配置―日本・ASEAN・中国に工場を展開する中小企業のケーススタディ―」中小公庫レポート No. 2005-8
中小企業庁編（2006）『中小企業白書 2006 年版』ぎょうせい
中小企業庁編（2010）『中小企業白書 2010 年版』日経印刷
Coase, R. H. (1988) *The Firm, The Market, and The Law*（宮沢健一・後藤晃・藤垣芳文訳『企業・市場・法』東洋経済新報社、1992 年）
Penrose, E. T. (1959) *The Theory of the Growth of the Firm*（末松玄六訳『会社成長の理論（第二版）』ダイヤモンド社、1980 年）
Williamson, O. E (1975) *Markets and Hierarchies*（浅沼萬里・岩崎晃訳『市場と企業組織』日本評論社、1980 年）

# 第3章

# 国内中小部品企業における取引関係の国際化

山本 聡

## 1．はじめに―部品取引と海外市場

### (1) 問題意識

　自動車や電機といった国内製造業では長らく大手完成品メーカーを頂点とした安定的・固定的な受発注関係が成立していた。こうしたいわゆる「フルセット型産業構造」の中で、中小企業の大半は高度な技術を有するサプライヤー企業として、最終製品に連なる部品≒中間財の供給を担う存在として位置付けられてきた（以下、中小部品企業と記載）。これは中小部品企業が自社の売上を特定の国内大企業≒国内市場に依存してきたことと同義である。実際、海外企業と取引関係を有している国内中小部品企業は非常に少ない。ところが、いくつかの中小部品企業は積極的に海外企業から受注を獲得している。その上で、国内市場・企業のみに依存する取引関係を変化＝国際化させ、自社の経営体質を強化させることに成功している[1]。なぜ、当該企業は海外企業から受注を獲得できるのだろうか。本章の問題意識はこの問いにある。

　本章では具体的な事例から、「なぜ、海外市場を志向したのか」、「どのように海外企業から受注を獲得していったのか」といった中小部品企業における海外企業からの受注獲得プロセスを辿っていく。その上で、「中小部品企業は自社経営の中で海外市場をどのように位置づけるべきなのか」といった問いにも回答していきたい。近年、「国内製造業の海外展開や相対的な国際競争力の低下」が急速に進展する中で、国内市場の縮小が進展している。一方、中国、インドを始めとするアジア諸国・地域の産業・企業の発展などから、海外市場は著しい拡大傾向にある。このような経営環境の変化から、国内中小部品企業にとって「取引関係の国際化＝海外企業からの受注獲得」は重要な経営課題として現出している。こうした点からも、本章で上述した問いに答えていくことには意義があるだろう。

## (2) 海外市場をどのように捉えるのか

　はじめに、本章における分析枠組を構築する必要がある。そのためにはまず、「どのような視点から、海外市場と国内市場を区別すればよいのか」という本章の問題意識の基盤となる問いに回答する必要があるだろう。ありていに言えば、海外市場とは国内市場以外の市場のことである。世界を一つの市場として捉えるのならば、日本国内の市場と国境で分断された残りの市場全てが海外市場ということになる。しかし、海外市場を単純に国境で区別された市場と定義しては、「なぜ、特定の企業が海外企業から受注を獲得できるのか」という問いへの回答が、「貿易関係法」や「通関・関税」、「外国為替」といったテクニカルな知識の有無という話に終始してしまう。そうすると、海外市場への参入を可能にした中小部品企業の本質的な経営能力が不明確になる。結果として、中小部品企業にとって、海外市場と国内市場を区別することの意義も希薄化してしまう。

　以上を踏まえて、本章では海外市場を「中小部品企業が自国の市場とは異なる程度の不確実性に直面し、その対処に迫られる市場」として捉えることにしたい。貿易論などでは二国間≒企業間の距離は不確実性の代理変数として捉えられている。また、Cateora and Hess（1966）によれば、企業は海外市場において、言語や法律、文化、取引慣行などさまざまな差異に直面する。そのため、「どのような顧客が存在するのか」、「自社製品にニーズはあるのか」といった需要サイドの情報が不明確になるのである。経済学的に言い換えると、企業は海外市場において、国内市場よりも高い不確実性に直面するのである。実際、筆者が実施した事例調査では、中小部品企業の経営者から、

「海外市場では、顧客がどこにいるのかがわからない。また、自社の技術が必要とされているのかもわからない」
「キチンと代金を支払ってくれるのかがわからない」

といったコメントを頻繁に頂く。これらのコメントは中小部品企業の経営者と

海外市場との間に不確実性が厳然と存在する証左だろう。既存研究では、大企業も不確実性の高さから海外市場参入に際して、さまざまな障壁に直面することが報告されている[2]。そうした中で、中小部品企業の経営者の多くが「海外企業からの受注など獲得できない」と考えたとしても無理はないだろう。しかし、本当にそうなのだろうか。

### (3) 「中間財」から見た取引関係の国際化

　海外市場における需要獲得＝輸出というと、古いところでは「ウォークマン」などの電機製品や自動車、昨今では農産物やアニメ・映画といった財が想起される。これらは顔が見えない無数のエンドユーザーを対象とした最終製品＝消費財である。一方、国内中小部品企業が供給する財は最終製品に連なる部品＝中間財である[3]。マーケティング論に「生産財マーケティング」という中間財を対象の一つとする分野が存在することからも明らかなように、その受注獲得のプロセスは消費財とは大きく異なる。高嶋・南（2006）を踏まえれば、中間財取引の特徴を以下のように指摘することができる。

1. **組織性**：中間財取引における顧客は個人ではなく、企業である。また、受注獲得の可否も顧客企業における組織的な意思決定が前提になる。
2. **合目的性**：中間財は「最終製品の機能」といった特定の目的に規定される。
3. **相互依存性**：中間財の開発や生産に関して、顧客企業と中小部品企業が相互に情報を交換する誘因が存在する。
4. **継続性**：中間財取引では過去に取引経験のある企業が取引相手として選ばれやすい。よって、長期的な取引関係が成立しやすい。その一方で、顧客企業による交渉上の駆け引きといった短期的な利益追求のための企業行動がとられにくくなる。

　こうした中間財取引の特徴は、先述した海外市場の不確実性にどのような影響を与えるのだろうか。簡単にまとめてみよう。消費財企業の場合の買い手は

第 3 章　国内中小部品企業における取引関係の国際化

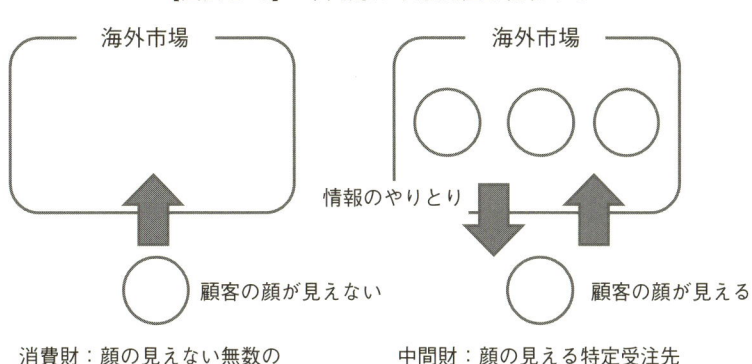

【図表 3-1】　中間財は不確実性を緩和する

海外市場　　　　　　　　　海外市場

情報のやりとり

顧客の顔が見えない　　　　　顧客の顔が見える

消費財：顔の見えない無数の　　中間財：顔の見える特定受注先
　　　　消費者が対象　　　　　　　　が対象

（出所）筆者作成

無数の消費者である。一方、中小部品企業にとっての買い手は企業であり、主要顧客の数は多くても10社程度である（組織性）。加えて、中小部品企業が依拠する市場はえてしてニッチ市場であり、海外市場を考慮に入れてもその潜在的な顧客の数は限られてくる。さらに、中間財＝部品に対するニーズは最終製品の機能の充足・向上という点でも具体的に規定されている（合目的性）。よって、中小部品企業は需要サイド＝顧客企業のニーズを把握しやすい。言葉を変えれば、中小部品企業は顧客企業の情報を収集したり、顧客企業に自社技術の強みや優位性を情報発信したりすることが相対的に容易なのである。

　さらに、顧客企業側にも「自社の製品機能を充足・向上させられる部品を供給できる中小部品企業」との取引関係を構築し、維持・発展させるため、能動的に情報収集・発信する誘因が強く存在する（相互依存性）。部品の開発・生産には受発注サイド相互の緊密な情報交換が必要なこと、また、顧客である海外企業はえてして大企業であり、能動的な情報収集・発信能力を強く有していることがこうした誘因を惹起させていると言えるだろう。

　組織性や合目的性、相互依存性を基盤にして、顧客企業は往々にして中小部品企業に長期的な取引関係を要望してくる（継続性）。その結果、海外企業との取引に付帯するさまざまなリスクが回避可能になる。たとえば、海外企業が

長期的な取引関係を志向すれば、中小部品企業は必然的に「代金不払いのリスク」を回避できる。また、為替リスクも同様である。短期的な利潤を追求して、為替が変動するたび調達先を変更したら、顧客企業の製品に弊害が生じる。調達先が他にはない固有の技術を有している中小部品企業だとすればなおさらである。顧客企業と中小部品企業が長期的な取引関係を志向する中で、どのように為替の変動リスクを回避しているかは後述したい。

なお、中小部品企業にとって海外企業との長期的な取引関係の構築やさまざまなリスクの回避は黙っていてなされるものではない。そこでは顧客企業と的確な「契約」の締結が求められる。ただし、中小部品企業から見て、一つ一つの取引関係は原則として自社と顧客企業の2社によってのみ構成されていること、また、先述したように取引先の数が限定されることも契約にかかるコストを相対的に低減させている。消費財メーカーが消費者一人一人と個別に契約を結ぶことにかかる莫大なコストを考えればその差は歴然だろう。

以上より、中間財取引における需要サイドの不確実性は消費財のそれよりも低い。言葉を変えれば、供給者である企業にとって消費財の顧客である消費者の数は無数であり、顔が見えない存在なのである。一方、中間財の顧客である顧客企業は特定され、顔が見える存在だと言ってよいだろう。そのため、経営資源に制限のある中小部品企業でも不確実性に対応し、海外企業との取引関係を構築することは我々が机上で考えるよりも容易なことなのである。

筆者が国内外の中小部品企業を対象に実施した数多くの事例調査結果もこれを実証している。ただし、中間財取引では海外市場における不確実性の存在が棄却されるわけではない。あくまでも、消費財企業と比較して、中小部品企業が海外市場で直面する不確実性の程度が低いというだけの話である。そのため、すべての中小部品企業が志向さえすれば無条件で海外企業からの受注獲得を実現できるわけではない。一般的に、企業が海外市場に参入することと、海外市場での操業を可能にする経営能力を形成することは表裏一体の関係にあるとされている。これを「Learning by doing 仮説」と呼ぶ（Bernard and Jensen, 1999）。当該仮説と本節の論を踏まえれば、中小部品企業は海外企業から

第3章　国内中小部品企業における取引関係の国際化

の受注獲得を志向・実現・継続することで、後述する情報収集・発信能力を基軸とした新たな経営能力を形成していったと言えるだろう。

## 2. 中小部品企業における取引関係の国際化のきっかけ

### (1) 国内市場の寡少性

それでは、なぜ、中小部品企業は海外企業からの受注獲得を志向するようになったのだろうか。多くの中小部品企業にとって、海外受注獲得の第一歩は「国内市場の寡少性」に求められる[4]。Lindqvist (1991) は、自国の市場規模が小さいほど、中小企業が海外市場を志向するようになるとしている。これは国内中小部品企業にとっても同様だろう。事例企業は国内市場に依拠するだけでは、安定的な事業継続をなしえなかったからこそ海外市場参入を目指したのである。

A社（従業員数97名）は1944年創業、1965年から船舶用のカム、ピストンおよびローラーなどの製造を手掛けている。1979年にはフィンランド企業W社に対し、カム・ローラーの供給を始める。なぜ、同社は海外企業からの受注獲得を志向したのだろうか。それは、国内造船業界が円高・円安で頻繁に好不況を繰り返しており、経営体質の強化のために海外企業から受注を獲得する必要があったからである。その後、韓国や中国の造船業界にも販路を拡大していき、同社の舶用エンジンカムの世界シェアは60％に至っている。また、近年、「電子制御型エンジンの燃料噴射制御装置」を開発・製造している。W社は電子制御型エンジンで世界トップであり、同社はその一次サプライヤーなのである。

B社（従業員数140名）は国内唯一の工業用フロート[5]製作の専業企業である。同社は1965年に創業、石油ストーブ用のフロートを製作・販売したり、同社が立地している大阪周辺の家電企業の二次・三次サプライヤーとして操業したりしていた。そうした中で、ある国内自動車企業から受注を獲得しようとしたものの他の大手企業と比較され、にべなく断られてしまう。こうした苦い

経験を出発点として、同社は1983年から国内の取引関係に依存しないことを目指して、海外企業からの受注獲得を志向するようになる。現在の顧客は500社で、最大の顧客は欧州自動車部品企業であり、売上全体に占める輸出の割合は5割を超えている。C社（従業員数300名）は1948年に創業、合成繊維のポリマーを射出するための精密加工によるノズルの穴あけを手掛けている。その他にも異形状の穴加工などもしている。もともと、化学産業はデュポン社を筆頭に欧米企業が強く、そのため、合成繊維が出現した1970年代から同社はまずは国内企業、次に海外企業に取引関係を多角化していったという経緯がある。現在では、韓国や中国、欧米の企業に輸出し、海外売上割合は4割弱にのぼる。

　D社（従業員数61名）は汎用エンジン用、船外機エンジン用、空調冷凍コンプレッサ用、エアーコンプレッサ用のアルミ合金製コネクティングロッド（以下、コンロッド：連結棒）を製作する企業である。1937年にアルミ合金製コンロッドを製造・販売開始、高度経済成長期を経て、1970年には兵庫県に工場を増設するなど生産を拡大していく。ところが、1975年にオイルショックを発端とする受注減から経営危機に直面する。もともと、コンロッドはピストンやクランクシャフトと並ぶエンジン用の非常に要求精度が高い重要保安部品の一つであり、多くのメーカーが内製している部品である。典型的なニッチ市場で国内では新たに開拓できる市場規模が絶対的に小さいという問題が存在していた。そのため、経営危機に見舞われた後、同社は海外市場参入を目指していったのである。現在、同社は米国コンプレッサ企業の補修部品用コンロッド市場の9割を占めており、また欧州や南米、インド、南アフリカといった国々の企業からも受注を獲得している。以上のように、事業継続のために取引関係の多角化を志向するものの、国内市場が小さく、海外企業からの受注獲得を選択せざるをえなかったという事例が多い。

### （2）自社技術への気付き

　海外企業からの受注獲得を志向する中で、中小部品企業は自社内には固有技

術と海外市場における競争力が存在することに気がついていく。

Westhead, Wright and Ucbasaran（2001）が「優れた製品の存在が企業の国際化を進展させる」と指摘するように、中小部品企業にとって、自社固有技術の存在とその価値への気付きは海外市場参入にとって必須のものになる。たとえば、D社はある米国企業の日本現地法人を通じて、当該企業の米国本社向けのコンロッドを受注した。これにより同社は「自社の製品が米国に輸出できること」に気付くのである。その上で、米国企業向けのコンロッドのOEM生産とともに補修部品の生産・販売も手掛けるようになったのである。

海外市場参入への志向と自社の固有技術への気付きは表裏一体の関係にある。その順番はえてして前後する。幾つかそうした企業の事例を見てみよう。たとえば、E社（従業員数160名）は、非鉄金属の鋳造企業である。また、鋼に銅合金を溶着させた建設機械の油圧ポンプ用の鋳造部品（＝シリンダーブロック）では国内シェアがほぼ100%に近い。現在、同社は国内外の建設機械企業や油圧機器企業、住宅設備機器企業などおよそ200社から受注を獲得している。欧米や韓国の企業からの受注にも積極的であり、売上全体の2割は海外企業からの受注でまかなっている。同社は創業後、地域の大手建設機械企業K

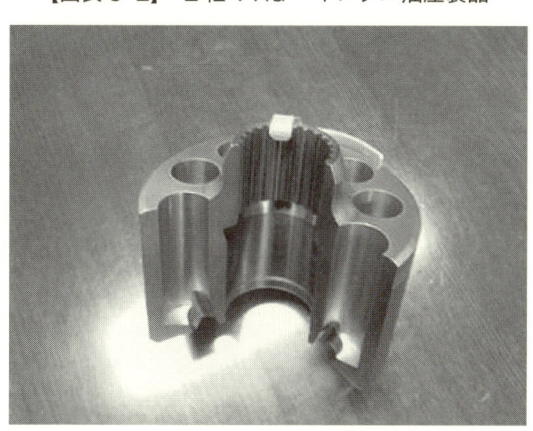

【図表3-2】　E社のAGバイメタル油圧製品

（出所）筆者撮影

社に売上のほぼ全てを依拠していた。同社はなぜ、海外企業からの受注を志向したのだろうか。簡単にE社の沿革を見てみよう。

E社は1946年の創業当時、ブルドーザーのキャタピラーを支えるローラー用の銅合金鋳物軸受けを供給していた。しかし、技術的な変化により、当該鋳造部品の必要性がなくなり、受注が激減した。こうしたことを契機にして、同社は他の国内建設機械企業からも受注を行うようになる。そうした中で、ある建設機械企業からの要請で「油圧ポンプのシリンダーブロックに銅合金を接合する技術」を試行錯誤の上、開発する。当該技術が基盤となって、同社の主力製品である、油圧ポンプ内でのピストンの往復運動による焼き付きや磨耗に対応した油圧部品（AGバイメタル油圧部品）の製作・生産が可能になったのである。当時、現社長は顧客企業からの情報で、世界でも同社とスイス企業の二社しかこの技術を持っていないことに気付いたのである。そのため、近隣の米国人英会話講師（同社の現国際営業担当）を雇用し、世界中の建設機械企業に技術データや製品の写真などを同封したダイレクトメールを送付し、また上述したスイス企業を退社した営業担当者を雇用して積極的な海外営業を展開していったのである。E社の現社長は海外企業から受注を獲得するために最も必要なこととして、「海外市場の中で自社技術にどのような優位性があるのかを計る『モノサシ』を持つこと」と指摘する。

同じような事例をいくつか紹介しよう。F社（従業員数56名）は精密プレス金型設計・製作および部品製作を手掛けている。同社は液晶テレビやプラズマテレビの筐体用の金型を手掛けており、大手韓国電機企業の金型も手掛けるようになっている。1969年に創業した後、もともとは地場の大手電機企業の量産工場に売上を依存していたが、現社長の志向もあり、創業後数年で取引関係を多角化させていく。加えて、利益の多くを設備に投資していく。1990年に大物金型を製作しようとして、周囲の企業が保有していないような工作機械、プレス機械を立て続けに導入した。その当時は電子レンジや冷蔵庫の金型を手掛けていた。しかし、元造船企業のIT部門に勤めていた現専務が1997年に入社、HPなどインターネットでの情報発信を行っていく。顧客に許可を

取った上で成形品をHPで公開したのである。その結果、国内大手電機企業のプラズマテレビの金型を受注するに至る。その後、当該金型の受注が、HPや口コミから評判になり、国内の他大手電機企業からも関連する金型の受注を得ていく。さらに、2002年には韓国大手電機企業が同社のHPを見て金型を発注してきたのである。こうしたことから同社は自社の精密金型製作技術の価値に気付く。現在では、売上の8割近くが海外向けで、タイの自動車部品企業などにも輸出している。

　最後にG社（従業員数120名）の事例を見てみよう。同社は1969年に創業、プリント基板や半導体の検査装置用の治具（ピン）の製作・生産を主要事業としている。現社長の父である創業者は東大阪で金属商社を経営した後、加工企業を創業した。創業当時は電機部品やミシン部品の精密加工を手掛けていた。現社長は大学の経済学部を卒業した後、同社に入社したのだが、下請的な経営に疑問を抱き、メーカーになることを模索していた。そんな折、知人から

「そんなに精密なものを加工しているのならば、アメリカ・ドイツからの輸入に依存しているプリント基板用の検査装置用の治具＝ピンを加工してみないか」

と話をもちかけられる。1年間かけて、輸入品とほぼ遜色のない製品を5分の1の単価で製作・生産することを可能にした[6]。当初は数千本程度の生産だったが、現社長が大阪のプリント基板メーカーにDMを送るなど積極的に売り込みを行っていったのである。月に10万本、ついには月に数十万本まで生産を拡大していった。その過程で、同社は品質も向上させていく。現社長は米国製のピンより品質が高くなったと確信し、元来の輸入元である米国市場開拓を志向するようになったのである。この背景には、ピン業界の顧客は半導体の検査工程の技術者であり、非常にニッチで顧客企業の数も限られていた、すなわち、国内市場が寡少だったこともある。1980年にはアメリカの展示会に出展する。そして、日系商社を挟むかたちでインテルの一次サプライヤーから受注

**【図表3-3】　G社のプリント基板の検査用治具**

(出所) 筆者撮影

を獲得するようになる。現在、同社の売上の内、4割が国内で6割が海外向けである。海外向けは商社などを通す場合があるもののほとんど全てが海外企業向けである。同社はアメリカ企業、台湾企業、欧州企業、中国内の欧米企業など日系企業も含めて700社以上の企業と取引関係を構築している。

以上、A社、B社、C社、D社、E社、F社、G社の国内中小部品企業7社の事例を見た。本章ではこの7社の事例を主軸にして論を進めることにする。A社、B社、D社、E社、F社の生産拠点は国内のみである。また、C社はインドネシアに、G社はフィリピンに生産拠点を有している。しかし、G社が「海外生産拠点で加工コストの安いもの、リピートもののみを行っている」と述べているように、両社とも国内生産拠点を開発・製造の中核として位置づけている。こうした点からも、各事例企業は本章の問題意識に合致していると言えるだろう。

なお、先述したように、事例企業が海外市場参入を志向したきっかけには、「国内市場の寡少性」と「自社の固有技術への気付き」が介在していることがわかるだろう。加えて、先述した中間財の特徴も強く影響を与えていることが見て取れる。中小部品企業が操業する中間財市場はそもそも規模が小さく、自

【図表3-4】 本章の主な事例企業一覧

| 事例 | 従業員数 | 製作している主な部品 |
|---|---|---|
| A社 | 97名 | 船舶用エンジンカム、燃料噴射制御装置 |
| B社 | 140名 | 工業用フロート、レベルスイッチ |
| C社 | 300名 | 合成繊維用紡糸ノズル、精密部品・金型 |
| D社 | 61名 | アルミ合金製コネクティングロッド |
| E社 | 160名 | AGバイメタル油圧製品、銅合金鋳物 |
| F社 | 56名 | 精密プレス金型・部品の製作 |
| G社 | 120名 | 半導体の通電検査装置用の部品 |

(出所) 筆者作成

社が立地する国内市場のみに依存することは企業経営上のリスクが存在する。日本国内の市場規模の大きさから、中小部品企業はこうしたリスクに気付きにくい。

一方で、事例企業は自社の経営危機などを踏まえて、取引関係の多角化を模索する。その上で、国内市場が寡少であることに気が付き、海外企業を取引関係の多角化のための顧客として強く認識していくのである。本章の構成上、事例企業は海外市場参入をかなり早い段階で志向している。しかし、筆者の事例調査によれば、幾つもの中小部品企業がリーマン・ショックを海外市場参入の大きな契機と捉えていることが確認されている[7]。

そうした認識と歩を同じくして、事例企業は自社の固有技術の価値にも気付いていく。ここでも中間財の特徴が介在する。たとえば、顧客企業は海外の大企業であり、能動的な情報収集・発信能力を強く有している。そのため、顧客企業からのコンタクトをきっかけにして、自社固有技術の価値に気付いた中小部品企業が幾つも存在する。D社、E社、F社などはその典型的な事例である。D社、F社は海外企業からのコンタクトが、E社は国内主要顧客からの情報から自社固有技術の価値に気が付いたのである。これらの企業以外でも、同じような事例が多々存在する。たとえばH社（従業員数318名）はアルミダイカスト部品の製作を手掛けているが、米国企業の日本現地法人から受注をし

ていたところ、米国本社から取引を要望された。I 社（従業員数 52 名）は業務用コンプレッサの圧縮弁を研磨加工で製作している。同社も米国の大手冷凍・空調機企業の日本現地法人とは取引関係があった。そこにある専門商社が当該米国企業の中国現地法人向けの受注案件を紹介してきた。その後、米国本社が同社の有する技術を評価し、米国本社からの直接の受注になった。同社が介在することで米国現地法人が生産し、国内現地法人に供給されるコンプレッサ部品の不良品発生率が劇的に下がったという。

以上、中小部品企業における海外企業からの受注獲得プロセスの出発点を見た。F 社は海外企業と取引関係を構築したことで、「海外取引の手順を学んでいった」と述べている。同社のこの言葉に代表されるように、各事例企業は「Learning by doing」で海外企業との取引に関わるさまざまな能力を自社内に獲得・蓄積していくのである。それは一体、どのような能力なのだろうか。

## 3. 中小部品企業における取引関係の国際化と能力形成

### (1) 固有技術の模倣困難化

本章で示した事例企業は少量多品種・一品モノの精密部品加工を手掛けている。輸出というかたちを選択する場合、少量多品種・一品モノの小物部品を手掛けている企業の方が輸送コストの面で海外市場との親和性が高くなる。また、顧客企業が世界中に立地している場合、国外に生産拠点を構築するメリットが低く、むしろ国内に生産機能を集中させた方が規模の経済性を享受できるとも言えよう[8]。たとえば、G 社はオーダーメイドに近い、何千種類という半導体検査装置用の治具を最大 10 万本くらいまでの生産にとどめ、海外企業に FEDEX で送付して、納品している。少量多品種・一品モノの部品の市場価値には、各企業の固有技術がより強く介在するのは自明である。Holtbrugge and Birgit (2009) では、そうした固有技術・製品は容易に模倣されえないからこそ、海外市場での競争優位と需要獲得につながるとしている。ところが、顧客企業にとって、発注先である中小部品企業との距離が離れれば離れるほど、調

第 3 章　国内中小部品企業における取引関係の国際化

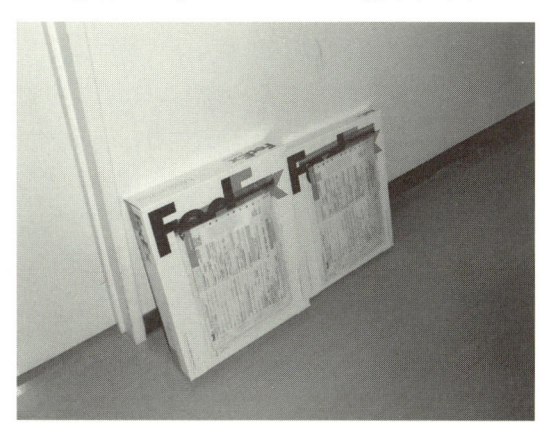

【図表 3-5】　FEDEX による輸出（G 社）

（出所）筆者撮影

達コストやリスクが増加する。また、国境を跨ぐことで為替や関税といった調達コストも付与される。結果として、顧客企業が中小部品企業の固有技術を模倣する誘因も増大する。そのため、固有技術の「模倣」をいかに防ぐか、といったことが重要になってくる。

　事例企業は自社の固有技術をブラックボックス化して模倣困難なものにすることで、技術的な優位性を維持している。C 社は固有技術である穴加工を 100 種類以上の微細な切削工具を使って行っている。こうした切削工具は旧式のもはや市販されていないような研削盤や顕微鏡を合わせた工作機械で一本一本、人の手を介在させて作られており、直径 $\phi 3\mu m$ 以上の工具も存在する。こうしたブラック・ボックス化された穴加工の技術を用いて、韓国や中国、欧米の企業に部品を輸出しているのである。G 社は技術流出防止のためと、外注に出していると逆に時間やコストがかかるため特定の 1 社を除き、基本的にメッキや熱処理、組み立てまですべて内製している。A 社は海外企業との契約で、自社部品の図面をブラック・ボックス化している。さらに、B 社や D 社は設備機械をオーダーメイド化することで、その固有技術を模倣困難なものにし、自社内に保持しているのである。それでは、中小部品企業は先述した不

【図表3-6】 C社は多岐に渡る穴開け用切削工具をすべて自社で製作している

(出所)筆者撮影

【図表3-7】 B社の設備機械(オーダーメイド)

(出所)筆者撮影

確実性をいかに克服して、固有技術を海外企業に売っているのだろうか。

## (2) 情報収集・発信能力
### 情報収集能力

　中小部品企業が海外企業との取引関係を実現・継続し、発展させていくためには自社と海外市場との間に横たわる不確実性を克服できる高度な情報収集・発信能力が必要になってくる。まずは、「どこに顧客企業が存在するのか」、「顧客企業のニーズは何なのか」、「海外のライバル企業は何をしているのか」を把握しなければどんなに高度な固有技術を有していても、海外企業との取引関係を維持・発展させることは不可能だろう。国内中小部品企業が対象とする顧客の数は限られていることは先に述べたとおりである。ニッチ市場を対象としているため、関連する情報収集が相対的に容易なのである。

　たとえば、E社と同じ技術を持つ企業は世界にスイス企業一社である。そのため、当該企業をモニタリングしていればライバル企業の動向がわかるのである。A社は中国地方の中山間部に立地している。しかし、既存の顧客からの情報やインターネットを活用することで、海外市場における既存・潜在的な顧客や競争企業の概況を始めとして、業界全体の情報を把握・分析しているのである[9]。B社もインターネットや業界誌などから海外市場動向を精査し、受注獲得の狙いを定めていると述べている。D社は米国や欧州など海外展示会に積極的に参加することで顧客の動向やライバル企業の動向の情報を収集している。

　なお、船舶用プロペラの鋳造企業J社（従業員数416名）は社長自ら頻繁に海外にいき、同業種の企業の工場見学している。その上で、ある企業にはどのくらい電気炉があり、どのような鋳造キャパシティがあるかといったことを全てデータ化している。すなわち、同社内で世界の市場動向・技術動向を推定しているのである。世界の船舶用プロペラの鋳造企業の数が限定されていて、かつお互いに顔が見える関係を構築しているからこそ、そういったことが可能になる。こうした中で、特筆すべきがG社の事例である。現在、同社の株式の内、40％がビジネス上の関係があるシンガポール企業の保有になっている。同社のライバル企業にシンガポール企業が多いこともあり、世界の市場動向や

競争企業の情報を、当該シンガポール企業を介在させて入手しているのである。

### 情報発信能力

上述した情報収集能力と表裏一体の関係にあるのが、情報発信能力である。顧客企業や業界のニーズ、ライバル企業の動向といった情報収集を推進した上で、自社技術の優位性を的確に顧客に情報発信していくことが求められる。以下にその具体的な内容を見てみよう。

### 固有技術の可視化

中小部品企業は図面を供与された上で、部品を製作し、顧客に納入する。そのため、中小部品企業が顧客企業に供給するのは「部品の成形・加工サービス」であり、そこには無形性が付帯する[10]。すなわち、固有技術は顧客企業にとって「見えないもの」なのである。中小部品企業は海外市場を取り巻く不確実性を乗り越えながら「自社技術がいかに優れているのか」を顧客企業に提示しなければならない。ここでは中間財取引の特徴である「合目的性」が介在する。C社は自社が開けた穴に素材が流れる過程、流路に関する提案を行い、それをシミュレーションして解析結果をデータとして提示し、自社内の研究開発施設でトライすることで高い品質保証を行っている。加えて、自社技術を非常に微細にデータ化した上で、宣伝用のパンフレットに掲載している。すなわち、提案と品質保証に付随した技術の可視化を行っているのである。G社も「他社製品と比較した上で、自社製品のピンの抵抗値をデータシートにする」ことで自社技術の優位性を可視化している。さらに米国のサイトに金銭を支払い、検索サイトで自社名が上位にランクされるようにもしているし、積極的に国内・海外の展示会に出展していて、そこでいくつものサンプルも展示している。ピン業界の顧客は半導体の検査工程の技術者であり、非常にニッチで企業の数も限られている。顧客となる技術者は全てピンの良し悪しに精通しており、同社のサンプルを見ることでその技術力を容易に理解することができると

第3章　国内中小部品企業における取引関係の国際化

【図表3-8】　C社の研究開発・シミュレーション用施設

（出所）筆者撮影

【図表3-9】　F社の成形品サンプル事例

（出所）筆者撮影

いう。加えて、自社の金型の成形品のサンプルをHPに公開したりするのも自社技術の可視化の一つの方法だろう（F社）。

　なお、固有技術の可視化は先述した固有技術の模倣困難化と矛盾するという指摘がなされるかもしれない。そうした指摘には以下のように回答できる。技術の模倣困難化は技術のプロセス（どのように素材を削るかなど）を顧客に対

してブラック・ボックスにしている。一方、技術の可視化は技術のアウトプット（どのような精度で削れたかなど）を顧客が見えるようにしているのである。自社の技術をプロセスとアウトプットに区分して捉えるならば、顧客への秘密保持とアピールを併存させることができると言えよう。また、技術そのものだけでなく、過去の取引実績でも自社技術の価値は可視化される。D社は主力の顧客である大手米国企業が世界の業界でも一、二を争う企業であることから、取引実績自体が他の海外企業に対する説得力のある営業ツールになっている。

ネットワーク

可視化した固有技術をいかに海外企業に発信するか、言葉を変えれば、どのように情報発信のためのネットワークを構築するかが次のステップになる[11]。最も直接的な方法は、海外企業にダイレクトメールを送付することだろう。海外企業はHP上に、購買部門の担当者の氏名や連絡先が掲載されていることが多々ある。そのため、直接、担当者にダイレクトメールを発送することが可能なのである。B社社長はかつて、1日ダイレクトメールを20通、欧米の企業向けに送付するなど積極的な営業展開を行い、海外販路を開拓していった。現在では、インターネットや業界誌などから、潜在的な顧客企業の購買部門担当者をリスト化し、ダイレクトメールを送付している。応答があった企業はすぐに訪問し、当該企業の開発担当者とのネットワークを構築している。そして、開発担当者に対し、ダイレクトメール・パンフレットで素材転換に関する提案を積極的に行うことで受注を獲得しているのである。E社も同様に世界中の建設機械企業に「主要顧客である国内大手建設機械企業でのテストデータ」や「製品の図表」などを同封した上でダイレクトメールを送付する。また、海外展示会への積極的な参加もこうしたネットワークを醸成することになるだろう。

### 契約能力

先述したように、海外企業との取引関係の構築やそこに付帯する不確実性・リスクの回避は受動的にはなされない。そこでは顧客企業との適切な契約の締結が求められる。E社は自社技術の優位性を的確に認識することで顧客に対し、「円建てでの代金支払い」といった自社に有利な契約を締結することが可能になると指摘している。プレス企業K社（従業員数80名）ではカナダの自動車部品企業からの受注が売上全体の1-2割を占めている。同社では当該企業と1ドル＝100円-90円まではすべて95円で計算、それ以上（以下）になった場合は一方の超過利潤を他方に支払うといった契約を締結している。また、L社（従業員数163名）はダイカスト鋳造や機械加工によって、小型エンジン用遠心クラッチ・ピストン・燃料コックの製造を手掛けている。同社の売上全体の内、海外企業向けが10%ほどを占めている。L社はドル建て取引を行うも、為替リスクを考慮して5%の為替変動が生じるたびに価格を変更する契約を顧客と締結している。そうした契約には現地の弁護士も介在させている。

### 営業代理店・専門商社などの活用

なお、中小部品企業の多くは従業員が数十名程度の規模である。経営資源上の制約が大きく、海外企業との直接の取引関係を維持・発展させるための十分な能力を有していないことが多々ある。そのため、「営業代理店」や「専門商社」といった外部組織をうまく活用することが問われる。たとえば、G社は海外にいくつもの営業代理店を有するが、その多くは先述したシンガポール企業から紹介されたものである。各営業代理店は数名の規模で同社製品を売った後、同社からマージンが営業代理店に支払われる。また、同社では営業代理店の人材を日本に招聘し、現場実習をさせるなど代理店教育にも注力している。こうした施策の結果、営業代理店の的確な活用・コントロールを可能にしているのである。A社も「自社が交流のある商社の人材を借りるかたちで、当該商社内に自社の専門部門を構築する」といったことを行い、受注が決定するたびに商社にバックマージンを支払っている。

加えて、専門商社は代金不払いリスク・為替リスクを回避するといった機能も有している。ここではD社と関係がある専門商社M社の事例を見てみよう。M社は業務用冷凍・冷蔵・空調用コンプレッサーのアルミ合金製のコンロッドやピストンの輸出を専門商社として手掛けている。M社社長は年に5-6回は海外に行き、既存の顧客だけではなく、取引関係のない海外企業を訪問している。その際は、飛び込み営業なども行っている。こうした取り組みを経て獲得した人脈や情報から、中小部品企業の経営者が海外企業を訪問する際の面談のアポイントから始まって、スケジュールの調整や当日のルートの確認、レンタカーの手配・運転といった諸々の業務をすべて行っている[12]。

　また、実際のビジネス・マッチングの際は、各企業が有する技術に関する深い知識も必要になる。そのため、顧客である海外企業や国内中小部品企業の工場を訪問し、現場からさまざまな事項を学んでいる。その結果、海外企業から図面とともに「このような部品が欲しいので見積もってくれないか」という依頼が来た際に、「○○○社ではこのような精度で、このように加工すると価格がこのようになる」といったことを具体的に提示することができる。さらに海外企業に対する部品のメンテナンス業務（＝現地企業へのメンテナンス依頼）や補修部品の手配といったことも手掛けることがある。

　なお、専門商社は国内中小部品企業と海外企業の取引に介在する「代金回収のリスク」や「為替リスク」を回避する役割も担っている。当該取引において、中小部品企業に代金を支払った後で、M社が海外企業からの代金回収を行うのである。たとえば、欧米企業などでは部門間の壁が日本企業以上に高い。そのため、調達担当者が自部門の業績のために在庫を出すことを忌避し、日本から輸入した部材の移送を港の倉庫でストップしてしまうことなどがある。そうすると、当然、代金がしばらく支払われない。こうしたリスクをM社が負担し、かつ海外企業からの早期の代金回収を手掛けるのである。以上の業務に関して、有形無形のノウハウを有し、また、輸入に関わる通関上の煩雑な手続きも代行している。

　M社は為替リスクに関しては中小部品企業と海外企業との間で、「JPY/

USD レートが 95 円から 105 円の間で推移している際は一律で 1 USD＝100 JPY で取引する。当該範囲を超えて為替が推移した場合、超過利潤／損失の部分を二社間で折半する」といった契約を締結することを支援している。これは、部品＝中間財の受発注関係は二社間の取引関係に帰結するため、交渉によって、当事者間の契約関係で為替リスクがある程度まで回避可能になることの証左だろう。また、中小部品企業は営業代理店・専門商社を活用することで、自社内に契約能力を搬入することが可能なのである。

**国際経験のある人材**

経営陣や従業員の国際経験も中小部品企業の海外企業からの受注獲得の要素の一つである（Reuber and Fischer, 1997）。D 社の現社長は海外に長期滞在した経験を有している。E 社では輸出を志向した際に、米国人英会話講師（現国際営業担当）を雇用している。また、その後は自社のライバル企業であるスイス企業から営業担当者を獲得したり、現場経験豊富で中国語に堪能な人材を営業担当にしたりしている。G 社でも米国の顧客企業の日本人幹部を副社長として招聘、副社長兼営業部門の責任者として雇用している。さらに、海外営業人材の育成として、「英語を話せる人材を獲得、生産技術現場で鍛える」ことをしたり、「英語の話せない生産技術者を米国の営業代理店に出向、育成させる」といったことも行ったりしている。加えて、B 社は「大手銀行 NY 支店に駐在経験のある人材を海外営業担当として獲得・活用」していることを付記する。

## 4. おわりに―中小部品企業は海外市場をどう捉えるべきか

これまでの分析をまとめてみよう。事例企業における海外企業からの受注獲得のきっかけは国内市場が自社の事業継続にとって規模が十分でなかったり、顧客企業が海外企業と提携したりといった市場要因、また海外企業からのコンタクトによる自社技術の価値への気付きなど外生性が強い。もともと、ほとん

どすべての中小部品企業が国内大企業に対して、部品を供給することのみを目的として創業され、かつ日本国内の市場≒内需が非常に大きかったことを考えれば当然だろう。

そうした中で、いくつかの中小部品企業では経営者が海外企業からの受注獲得を自社の取引関係多角化の一要素としての重要性に「気付き」、経営戦略を展開していった。そういった企業が海外企業との取引関係を維持・発展させていくことができたのだと言える。事例企業は自社の固有技術を模倣困難なものにし、自社と海外市場・海外企業との間に横たわる不確実性を克服するための「情報収集・発信能力」を構築していった。その際、専門商社や営業代理店といった外部組織を活用することで、自社の経営資源を補完していったのである。

【図表3-10】 国内中小部品企業における取引関係の国際化のプロセス：まとめ

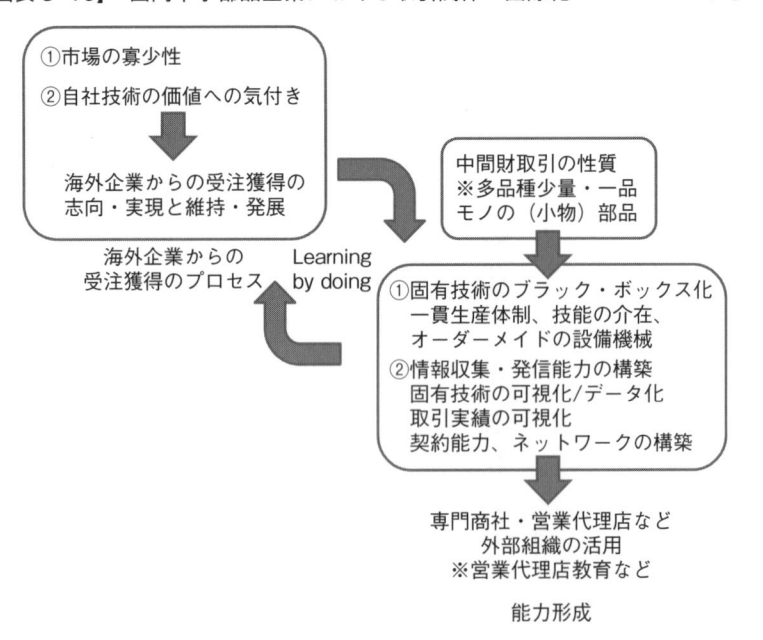

①市場の寡少性
②自社技術の価値への気付き
↓
海外企業からの受注獲得の志向・実現と維持・発展

海外企業からの受注獲得のプロセス

Learning by doing

中間財取引の性質
※多品種少量・一品モノの（小物）部品

①固有技術のブラック・ボックス化
　一貫生産体制、技能の介在、
　オーダーメイドの設備機械
②情報収集・発信能力の構築
　固有技術の可視化/データ化
　取引実績の可視化
　契約能力、ネットワークの構築

専門商社・営業代理店など
外部組織の活用
※営業代理店教育など

能力形成

（出所）筆者作成

結局、国内中小部品企業にとって、海外市場とは一体何なのだろうか。冒頭で述べたように、中小部品企業が得意とする多品種少量の精密小物部品は輸出になじみやすい。各部品の顧客・受注先の数は限られ、そのニーズも把握しやすい。その結果、海外市場参入のための不確実性が低くなる。同じ理由から、契約を適切に締結することで、代金不払いのリスクや為替リスクもある程度までは回避可能になる。また、事例企業の言葉を借りれば、顧客である欧米の海外企業も「一度、契約を締結すれば、定期的なコストダウン要求など殆どなく、また、契約期間中は安定的に受注を獲得できるので取引上の問題があまり発生しない」、「海外企業は世界中に生産拠点を有しているため、日本で良いもの、コスト的に見合うものを作っていれば調達する」、そのため、「逆に海外企業との取引があることで国内生産にこだわることが可能になる」といったことが生じるのである。加えて、筆者の事例調査では経営陣に留学など国際経験が備わっている企業ほど海外企業との取引関係構築に抵抗がないことも示唆されている。

以上をまとめれば、中小部品企業が海外企業から受注を獲得し、取引関係を国際化させるために必要なこと、それは経営者自身が海外市場・海外企業との間に有している「心理的な障壁（＝心理的な壁・距離感・無知）」を克服することなのである。たとえば、N社[13]（従業員数114名：アルミニウム鋳造・加工）は2005年頃から、欧米やアジア地域の国々の企業20社以上と新たな取引に向けた具体的な活動を行い、そのうち10社近くとの新規販売契約を成立させている。その上で、同社の経営者は「海外のビジネス習慣が普通で、日本の社会の方が独特である」とコメントしている。この言葉こそが中小部品企業にとっての海外市場が何たるかを的確に表現していると言えるだろう。

[注]
1. 機械振興協会経済研究所（山本聡編）（2010）および機械振興協会経済研究所（山本聡編）（2011）などで豊富な事例が紹介されている。

2. たとえば、新宅・天野〔2009〕「新興国市場戦略論―市場・資源戦略の転換―」 *MMRC Discussion Paper Series No.277* では「なぜ、新興国市場参入に関して、高い技術力を誇る日本企業の成功例が少ないのか」という問いに対して、「現地市場中間層のニーズを捉えていないこと」が事例から分析されている。
3. 本章ではいわゆる「部品」に特に焦点を当てているため、工作機械なども含む生産財ではなく、中間財という言葉を用いている。
4. なお、自動車関連の中小部品企業では主要顧客だった自動車企業が海外企業と提携することで、自然発生的に海外企業との取引関係が発生している。国内自動車市場が大きいこともあり、その受注獲得プロセスは受動的である。こうした事例は本章ではあえて捨象していることをあらかじめ断らせて頂きたい。
5. フロートは燃料タンク内に備える部品である。燃料の多寡に応じて、フロートが上下動することで、タンク内の燃料の量を把握することができる。
6. 米国製のピンは輸入品ゆえ、単価が非常に高く設定されていた。
7. 機械振興協会経済研究所（山本聡編）(2011) に詳しい。
8. 自動車部品企業O社（従業員数120名）は売上全体の内、2割が輸出を占める。主要顧客である海外自動車部品企業には「日本で良いもの、コスト的に見合うものを作っていれば、調達する」という調達方針がある。そのため、J社も国内生産にこだわることが可能になっている。
9. A社はそうした情報を社内レポートにしている。そのため、同社社員は当該情報をいつでも閲覧可能である。
10. 中小部品企業・素形材企業の固有技術と新規顧客獲得の関係に関しては、山本 (2011) を参照されたい。
11. 企業のネットワークと国際化の関係については、Reuber and Fischer (1997) を参照のこと。
12. M社社長は「海外企業や海外市場の動向に関する、『正確な情報』を中小部品企業に提供することが専門商社の大きな役割である」と述べている。
13. 萩野 (2011) より抜粋。

[参考文献]

機械振興協会　経済研究所（山本聡編）(2010)『国内素形材産業における受注拡大と市場開拓人材』機械工業経済研究報告書

機械振興協会　経済研究所（山本聡編）(2011)『国内モノづくり中小企業における海外市場参入戦略』機械工業経済研究報告書

高嶋克義・南知恵子 (2006)『生産財マーケティング』有斐閣

萩野源次郎 (2011)「2.6. 実務的見地から見た国内モノづくり中小企業における海外需要獲得の必要性」機械振興協会　経済研究所（山本聡編）『国内モノづくり中小

企業における海外市場参入戦略——日本、韓国、シンガポールのモノづくり中小企業の比較から』

山本聡（2011）「『人材』から見た国内素形材企業における営業能力の形成と取引関係の変化」『日本中小企業学会論集』第 30 号

Bernard, A. B. and Jensen, B. J. (1999) "Exceptional exporter performance : cause, effect, or both?", *Journal of International Economics,* Vol. 47, No. 1.

Cateora, P. R. and Hess, J. M. (1999) *International Marketing*, Richard D. Irwin

Holtbrugge, D. and Birgit, W. (2009) "Initiating forces and success factors of born global firms", *European Journal of International Management*, Vol. 3, No. 2.

Lindqvist, M. (1991) "Infant multinationals : The internationlisation of young, technologybased Swedish firms", *Dissertation*, Stockholm School of Economics, Institute of International Business.

Reuber, A. R. and Fischer, E. (1997) "The influence of the management team's international experience on the internationalization behaviors of SMEs", *Journal of International Business Studies*, Vol. 28, No. 4.

Westhead, P., Wright, M., and Ucbasaran, D. (2001) "The Internationalization of New and Small Firms : A Resource-Based View", *Journal of Business Venturing*, Vol. 16, No. 4.

# 第4章

# 中小零細食品企業の海外販路開拓戦略
~新商品開発と現地代理店との連携~

張 又心 Barbara

## 1. はじめに

　本章では、中小零細食品企業の海外販路開拓戦略について考える。特に新商品開発と現地代理店／輸入商社との連携を通じ、海外販路拡大に成功した、後発の地方中小企業の事例を通じて、海外販路開拓の戦略と可能性について考察していく。

　食品製造産業は日本の基幹的な産業であり、地域経済を支える重要な存在である。文化や生活に密着し、商品も地域に根差した独自性を持つものも多い。一方で食品製造産業は、「胃袋産業」とも呼ばれる。売上額が基本的に人口と比例し、国内マーケット中心の典型的な「内需型産業」である。しかし近年の人口減少により、市場の縮小が予想されている。そのゆえ、既存の商品や国内市場だけを重視するという従来のビジネスモデルには限界があり、より付加価値の高い食材や新商品を開発し、国内のみならず海外市場の確立を求められる分野でもある。

　このような背景の下、国の方針としても、農林水産物・食品輸出の促進政策が図られている。2005年3月25日、「食料・農業・農村基本計画」が閣議決定され、食品の輸出拡大が打ち出され、「食品産業の国際競争力強化」および「農水産物および加工食品の輸出促進」が基本政策として掲げられることになった。輸出額を2007年の4,337億円から2013年までに1兆円規模まで拡大、食品産業の輸出促進を通じて農業と農村の振興を図ろうとする目標を打ち出したのである[1]。

　ところが、欧米企業と異なり、日本の食品企業の多くは内需を中心とした事業展開をしてきた。そのため、輸出拡大は容易ではない。味の素、キッコーマン、日清食品、サントリーなどは、海外展開の重要性を認識し、早くから市場開拓や現地生産に取り組んでいる企業もあるが、大企業の中でも、海外売上率が10％を超えるものは、キッコーマンや味の素などわずか数社のみで、海外展開に成功している企業はまだまだ少ない。

そうしたことから、多くの中小零細食品企業にとって、海外展開が大変難しい問題であることは容易に想像される。中小企業は経営資源が限られることから、現地生産はもちろん、輸出においても多くの困難に直面する実態が指摘されている（Dhanaraj & Beamish, 2003；Leonidou, 2004）。

食品関係の置かれた状況はさらに複雑である。食品は文化感応的（culture-bounded）商品であり、その地域の習慣や食文化と密接する性質を持つ。また、日本の食品製造企業の多くは中小企業であるため、大手企業と違って、特定地域やエリアの消費者を囲い込む地域特化戦略／ニッチ戦略がこれまでの主流となっている（新井, 2010）。そのため、簡単には海外マーケットに売り込むことができないのである。

さらに地方の中小零細食品企業の場合、地域に密着し地域の粘着性が強いため、域外への販売も得意でないケースが見られる。とくに調味料や酒など嗜好性の強い食品セグメントでは、地域の食文化の影響が大きく、地域特化戦略が取られているため、海外消費者のニーズにそのまま対応することが難しい。また、ほかの大企業や先発企業よりも遅れて展開するため、既存商品がすでに海外に住んでいる日本人や日系人向けに販売されている場合が多い。後発の地方零細企業が、既存商品をそのまま輸出しようと思っても、なかなか買ってくれないのが現実である。

本章では、こういった食品産業の環境変化の中、中小零細企業が海外マーケットを開拓するための戦略について考えてみる。海外展開における高いハードルを乗り越え、販路開拓に成功し、売上を順調に伸ばしている中小零細食品企業がある。そうしたいくつかの具体的事例を通じて、中小零細企業の海外販路開拓戦略の可能性について探ってみる。海外マーケットで成功する要因はさまざまであるが、本論では、とりわけ新商品開発と現地代理店／輸入商社との連携を通じて販路拡大に成功した、後発の地方中小企業の事例に着目し、その海外戦略の可能性について考察する。

以下、第2節では、消費財としての食品の海外販路拡大のための戦略を考える際の視点を整理する。第3節では、海外販路拡大に成功した具体的事例を紹

介し、第4節では、中小零細企業の海外販路拡大の可能性を高める戦略について整理する。最後に、結論を述べる。

## 2. 考察の視点―消費財の国際マーケティング戦略

本節では、中小食品企業の海外販路開拓戦略を考察するための視点について整理しておこう。

日本から海外に輸出される食品は、現地のスーパーやストアなどで最終消費者向けの「消費財」として販売されるものもあれば、レストランや料理店など業務用に使用される、いわゆる「生産財」として輸出される場合も実に多い。そのため、一概に「食品=消費財」とは言い切れないが、前章(第3章)の生産財(中間財)の輸出の議論と比較対照しやすくするため、本章では食品の「消費財」の側面に着目し、「食品=消費財」として、以下のように議論を進めることにする。

### (1) 消費財としての食品

「消費財」とは、消費者によって消費される財のことである。家計が購入する商品を意味し、耐久消費財(家電製品、自動車など)と、非耐久消費財(食料品、衣料品など)に分けられる[2]。

商品を生産するために使われる「生産財」とは異なり、「消費財」の購入者が最終消費者である。そのため、「消費財」と「生産財」の売り方においても当然違ってくる(高嶋・南, 2006)。「消費財」と「生産財」の売り方は簡単にいうと、次の2点において大きな違いが指摘できる。

消費財の場合は:

(1) 不特定多数な顧客を相手に商品を販売する。
(2) 顧客が商品に対する知識が豊富でない場合も多い。

まず生産財と違い、消費財の販売対象が会社や組織ではない。不特定多数の最終消費者であり分散している。そのため、マス・マーケティングが中心となる。とくに中小零細企業の場合は、すべての人をターゲットにすることは不可能であり、消費者のニーズや特徴をベースに市場セグメンテーションを明確にし、ターゲットを絞仕込む必要がある。それと関連する市場研究調査（マーケット・リサーチ）も欠かせない。さらに、不特定多数な顧客を対象にしているため、価格、商品特性、販売チャネル、販売促進などの手段、つまり、国際マーケティングの4P戦略を通して、効果よくマーケティングを行うことが重要となる（国際マーケティングの4P戦略に関しては次項で詳しく検討する）。

また、顧客は必ずしも商品に関する知識が豊富でない場合が多い。生産財の場合、顧客は会社や組織であり、購買に関わるのは専門知識を持つ人たちが中心である。一方、消費財の場合、顧客は一般消費者であり、各人の商品知識や情報量のばらつきが大きい。そのため、商品に関する知識の伝達が重要となる。どのような商品イメージで、どのようなチャネルに載せ、どのような売り場で、どのような形で売るかということが売上を左右するカギとなる。さらに、商品イメージが購入する際の重要な判断基準となる傾向が強いため、店頭での陳列の仕方や売り方、売れている雰囲気を作り出すこともポイントとなっている。これも国際マーケティングの4P戦略に深く関わっている部分である。

## （2）国際マーケティング戦略—製品、価格、プロモーション、チャネル

消費財としての食品の特性は前項にまとめた。商品に対する知識が豊富でない、不特定多数なの顧客を相手に商品を、どのようにして海外に売り込めるか。これを考えるためには、国際マーケティング戦略（Product、Price、Promotion、Place という4Pに関する戦略）が重要な手がかりを提供してくれる。本項では、この国際マーケティング戦略について整理してみる。

①国際マーケティングとは——一般のマーケティングと国際マーケティングの関係

まず国際マーケティングについて考えよう。国際マーケティングとは、国境を越えて海外市場を対象として遂行されるマーケティングのことである。国際マーケティングはさらに「輸出マーケティング」（製品を輸出し販売するためのマーケティング）、「海外マーケティング」（現地生産・現地販売のためのマーケティング）、「マルチドメスティックマーケティング」（一国市場だけでなく、いくつの市場をターゲットにし、各国市場の選好や習慣に合わせる現地適応マーケティング）、「グローバルマーケティング」（世界各国市場の共通性に着目し、共通のニーズを満たすために、地球を一つとみるマーケティング）など、いくつかのタイプに分けることができる（角松・大石，1996；小坂，1997；近藤，2004）。本章では、主に「輸出マーケティング」を中心に議論を進めていくことにする。

国際マーケティングと一般のマーケティングとの相違は何か。国際マーケティングは基本的に一般のマーケティングの原理原則と大きく異なることはない（小坂，1997；Ghauri & Cateor，2006）。後ほど紹介するマーケティング・ミックスの要素である4Pのフレームワークもその一つの例であるが、一般のマーケティングの原理原則はすべて国際マーケティングにも適用される。ただ一つの相違は、一般のマーケティングがその適用される地理的な領域というものを明確に意識せず、あるいは一国を無意識に前提として議論を進めることである。これに対して、国際マーケティングは常にどこの国、あるいは何カ国をまたいで適用されるかを意識する。一般のマーケティングの理論構造に、「地理的適用領域」というもう一つの次元を追加する形になる。

つまり国際マーケティングは、「国境」というファクターを強く意識し、「国境」をまたいでマーケティング活動を行うことを前提として議論を進めていく。そのため、国際マーケティングの戦略を考える際には、国と国との違いを明確に認識する必要がある。さらに市場展開する国の数が増えるに従い、標準化戦略（マーケティング戦略の世界全体にわたる一貫性を保つ）を取るか、そ

れとも適応化戦略（各国の市場特性に適応させ、国別の対応を行う）を取るかという選択も迫られる（Ghauri & Cateora, 2006；Cateora, Gilly & Graham, 2009）。考慮すべき要素、環境の複雑性、および企業活動を管理することも難しくなってくる[3]。

グローバル化が進むなか、「国境」という壁がさまざまな面において確かに低くなっているが、マーケティングを考える場合には依然として重要な要素である（大石, 1997；2009）。企業・製品・サービス・人の移動は、依然として多くの国家要因に遮られたり促進されたりしていることに変りはない（Berger & MIT, 2006）。各国の市場が異質であり、国内と海外市場は環境が大きく異なるため、その環境に適応したマーケティング戦略を用意しなければならない。それぞれの市場に適したマーケティング戦略を策定するに当たって、「Price」「Product」「Place」「Promotion」という国際マーケティング戦略の基本的な要素について考える必要がある。

②国際マーケティング戦略の4つの要素（Elements of International Marketing Strategy—4P）

ターゲットとなる国や市場セグメントを決めた後、その市場に合わせる適切なマーケティング・ミックス（Marketing Mix）が求められる（Leonidou, Katsikeas & Samiee, 2002；Ghauri & Cateora, 2006；Cateora, Gilly & Graham, 2009）。

マーケティング・ミックスとは、マーケティング戦略の目標を達成するために利用される要素の組合せのことである。代表的なマーケティング・ミックスの構成要素としては、E. J. McCarthy の 4P がある。すなわち、製品（Product）、プロモーション・販促活動（Promotion）、流通チャネル（Place）、価格（Price）である。それはマーケティング活動を展開する際に考えなければいけない、4つの基本的な要素である。この4つの要素をばらばらに設計・実行するのではなく、各要素を統合的に捉え、全体としての最適を考えて一貫した戦略として展開することが重要である（高嶋・桑原, 2008）。

まず、製品（Product）戦略において、どのような製品を顧客に提供するかについて検討する。製品戦略は差別化の最も基本的な要素であり、競争においても、また理論的にも重要な位置を占める（高嶋・桑原，2008, p. 166）。次に、プロモーション戦略（Promotion）とは、製品に関する情報や知識を顧客にどのように伝えていくか、ということに関する活動である。海外の顧客に日本食品を売り込むために、サンプル配布、試食会・試飲会、イベント、商品への景品添付が重要な販促活動となる。チャネル戦略（Place）は、どのようなチャネルを通して顧客に製品を届けるかに関わる活動である。どのような店でどのように陳列され販売されるかが関わる。最後に価格戦略（Price）は、どのような価格設定をするかに関するものである。価格設定は製品のイメージ、乗せる流通チャネルやプロモーションの仕方にも影響を与える、重要な意思決定である。日本の食品が高品質で差別化を図る場合が多いため、消費者の品質知覚の傾向に合う高価格設定を行い、高品質を連想させることが有効であると考えられる（高嶋・桑原，2008, pp. 189-190）。これらの4Pの要素は、それぞれの要素が互いに関連し合い、影響し合っているものであり、統合的に考える必要がある。

### ③ "Product"、"Place" および "Promotion" への注目

　4Pの要素を国境を越えて管理し、マーケティング活動を進めることが決して簡単ではない。次の第3節では、4P要素に着目しながら、具体事例を通じて中小企業の海外販路開拓戦略の可能性について考える。そこでは、4Pの中の特に"Product"、"Place" および "Promotion" に注目したい。つまり、中小企業がどのように外部資源を利用しながら新商品開発（Product）を行うか、現地代理店／輸入商社との連携による販売促進（Promotion）や、販売チャネル確保、新規開拓（Place）について考察する。

　価格戦略（Price）については、大企業も含め日本企業の製品は高品質・高価格の路線で海外市場に展開しているパターンが主流である。以下の第3節で取り上げる4つの事例においても、品質や機能の良さで独自性を出し高価格帯

に設定することが共通している。そして、その高価格設定に合わせるように、販売チャネルやセールスプロモーションの方法も工夫する。安さではなく高品質で差別化を図るため、価格の弾力性が比較的に低い。現地のローカルブランドや既存ブランドとは一線を画し、価格競争に陥ることも避ける。多少値段が高くても、高品質を求める消費者に選んでもらえるようなポジションを取ることが、4つの事例においても共通である。

## 3. 海外販路開拓の具体事例

本節では、海外マーケット開拓にチャレンジする中小零細企業の具体事例をみてみる。次節では、それらの事例から海外販路開拓の戦略についての整理をしていく。

2010年における日本の農林水産物・食品の輸出は、4,920億円、うち、加工食品は、1,325億円を占める。地域別ではアジア向けが73.6%に上り、香港（24.6%）、台湾（12.4%）、中国本土（11.3%）、韓国（9.4%）が多い。輸出総額では、一位が香港（24.6%）、二位が米国（13.9%）、三位が台湾（12.4%）の順となっている[4]。

本論の事例選択に関しては、日本の伝統食品を生産し、海外展開において後発にもかかわらず販路開拓に成功した中小零細企業に着目する。その中でも、日本の輸出先として一位を占める香港を主たる輸出先としている中小零細企業の事例4つをピックアップする。それらの事例を図表4-1にまとめた。

### （1）事例1．有限会社石橋屋—こんにゃく麺、こんにゃく健康パウダー

有限会社石橋屋（以下、石橋屋）は、明治10年創業の老舗こんにゃく専業メーカーである[5]。福岡県大牟田市に本社と工場を構えている。オンリーワンのこんにゃく屋を目指し、手づくりにこだわった「バタ練り」と呼ばれる製法で、コシのある食感を持つこんにゃくを製造している。「こんにゃくを世界に広めること」という目標を掲げ、果敢に世界市場に挑戦している中小企業であ

【図表 4-1】 事例企業

| 企業 | 石橋屋 | 繊月酒造 | まるはら | 糸島みるくぷらんと |
|---|---|---|---|---|
| 主要商品 | こんにゃく | 球磨焼酎 | 醤油、味噌、こうじ、ラムネ | ヨーグルト、ミルク、その他乳製品 |
| 所在 | 福岡県 | 熊本県 | 大分県 | 福岡県 |
| 創業 | 1877年 | 1903年 | 1899年 | 1992年 |
| 従業員数 | 13名 | 35名 | 25名 | 15名 |
| 資本金 | 800万円 | 1500万円 | 1000万円 | 2000万円 |
| 輸出先 | 香港、台湾、米国、フランス、イギリス、ロシア | 香港、台湾、上海、米国 | 香港、米国、イタリア、フランス、 | 香港、台湾 |
| 海外販路開拓戦略 | 新商品開発 | 新商品開発 現地代理店・商社との連携 | 新商品開発 | 新商品開発 現地代理店・商社との連携 |
| 新商品 | こんにゃく麺、こんにゃく健康パウダー | 紫蘇リキュール | 鮎魚醤、魚醤入りポン酢、魚醤入り味噌汁 | のむヨーグルト、伊都物語 |

(出所) 筆者作成

る[6]。2002年には海外進出し、シンガポールや米国、香港などで支持を集めている[7]。現在、北米、韓国、シンガポール、香港、タイ、台湾、イギリス、フランス、スイスなどへ販路を広げ、売上の15%程度が海外市場によるものである。

①伝統製法「バタ練り」へのこだわり

4代目社長の石橋渉氏は、海外の取引先から「ミスター・コンニャク」と呼ばれる。こんにゃくを心から愛し、名刺の上には"KONJAC"(KONNYAKU) Traditional Japanese Health Food、名前の上には「Mr. KONJAC」というニックネームも表示している（図表4-2　石橋社長写真）。石橋社長は高校卒業後、直ぐに家業を継ぎ、こんにゃく一筋の人生を歩んできた。こんにゃく芋の粉末を水と金属の羽根が付いた箱の中に入れ、手作業で練り上げる、特

【図表4-2】「Mr. Konjac」、石橋屋社長石橋渉氏（右側が石橋渉氏の名刺）

（写真提供）有限会社石橋屋

別なこんにゃく製法である「バタ練り」という昔ながらの製法にこだわっている。その日の温度や湿度に応じて手で食感を確認しながら練り上げる、熟練の技が必要とされる[8]。歯ごたえのある独特の食感に加え、練る過程で適度の空気が混ざり、味がしみやすくなるのが特徴である[9]。かつては、製品の30％が手づくり、70％が機械という生産体制を取っていた。しかし、機械でこんにゃくを作っても大手企業には勝てない、手作りで老舗の個性を出したいと考え、90年代半ばから、所有した機械をすべて廃棄し、100％手づくりの体制に改めた。全国でも珍しくなったバタ練りに絞り、百貨店などに売り込んだ。現在では、日本各地の百貨店や高級デパートのこだわりコーナーなどで販売されている。通常のこんにゃくよりは値段が高いが、手づくりの食感と美味しさを求める顧客に高く評価されている。販路を順調に展開し売上を伸ばしている。平成19年4月の売上は1億4千万円である。

②伝統の味で世界へ

2002年、取引先の大丸の誘いを受け、シンガポールで開く食品フェアに参

加することになった。「こんにゃくは日本独特の食品ですから、外国人の口に合うのか不安でしたが、これが思いがけず好評で、私も調子づいたんですね」と石橋氏は当時のことを振り返った[10]。しっかりした歯応えが、現地の日本人や中国系の消費者の間で好評を博し、フェア終了後も引き続きシンガポールで販売することを決定した。

　これを機に石橋氏の夢が世界へと広がった。「世界に出るにはまずアメリカ、アメリカといえばニューヨーク」という発想でニューヨークに乗り込み、スーパーで3日間の実演販売を行った[11]。商品とホットプレート、調味料一式を抱え、単身アメリカに渡った石橋氏は英語はほとんど分からなかったが、方言で実演販売をし、持ってきた3,000個のこんにゃくを3日間で売り切った[12]。「アメリカでも好評で、すぐ置いてもらえることになり、その後、サンフランシスコやロサンゼルスなどに広がっていった」（石橋氏）。

### ③カラフルな「雑穀こんにゃく麺」を開発

　石橋屋のこんにゃくは、日系人や中国系・韓国系の消費者に「歯応えがある」「現地の商品よりずっとおいしい」と高く評価されすぐに受け入れられた。一方で、米国の白人や黒人など、日本の食文化にあまりなじみのない人たちには見向きもされなかった。食文化や嗜好の違いから、日本のこんにゃくの色や食感が敬遠されたのである。「なんとか食べてもらいたい」と石橋氏は強く思い、こんにゃくを中華料理の食材やパスタ代わりに使ってもらおうと、麺にすることを考え、「雑穀こんにゃく麺」を独自に開発した（図表4-3　雑穀こんにゃく麺写真）。

　「雑穀こんにゃく麺」は糸こんにゃくの製法を応用し、いろいろな雑穀を混ぜ、黄色や緑色など食欲を注ぐような色を持つ雑穀や野菜を使い、麺の色にも配慮した。サラダやパスタにも使えるカラフルな麺タイプのコンニャクである。2006年に販売を始めた「雑穀こんにゃく麺」の狙いは当たり、日系スーパーだけではなく、現地レストランの料理にも採用されるようになった[13]。

　「雑穀こんにゃく麺」は特殊加工により、麺の断面を星形にすることで、つ

第4章　中小零細食品企業の海外販路開拓戦略

【図表4-3】　雑穀こんにゃく麺

（写真提供）有限会社石橋屋

ゆの絡みが良い。また、8種類の雑穀を入れることで、添加物や着色料を使用しない色づけに成功した。味にくせがなく、水洗いだけで簡単に食べられる。健康・ダイエット食品としても美味しく頂けるので、海外で非常に高い評価を得ている。

　ヘルシー志向の追い風も受け、販路はフランス、イギリス、ロシアなど、15カ国に拡大した[14]。「雑穀こんにゃく麺」は1袋（200ｇ）で28kcal、レタス2個分の食物繊維を含むものであり、メタボリック対策やダイエット関連食品として売り込みを行い、海外だけで年間10万食の販売実績を上げている。

　その人気は海外だけではなく、国内においても上昇している。現在は東京恵比寿のおしゃれなレストランにパスタの代わりに採用され、人気メニューとなっている。また常温で1年間の賞味期限を持ち、伸びず、熱にも強い特性から、秋葉原で流行したラーメン缶の麺にも採用された。今後は、業務用・非常食としての可能性も期待されている。

④健康食品〈こんにゃく健康パウダー〉の開発

　海外市場を開拓するために、石橋屋が新たに開発したもう一つの商品が「こんにゃく健康パウダー」である（図表4-4　こんにゃく健康パウダー写真）。

【図表 4-4】 こんにゃく健康パウダー（左）、およびこんにゃく健康パウダーを利用して作ったローカロリーメニュー（右）

（写真提供）有限会社石橋屋

元々こんにゃくという食品は多くの水分を含んでおり、海外に輸出する際、その重さと大きさが輸送コストを高くしてしまう。この問題を解決しようと考えたことが、「こんにゃく健康パウダー」開発のきっかけとなった。大学との共同研究で、開発に成功した「こんにゃく健康パウダー」は、医薬品分野でのこんにゃくの可能性も探ると同時に健康食品としてのこんにゃくの研究にも取り組み、海外への販路も広げている[15]。

石橋屋は福岡大学との産学官連携事業を通じて、低カロリーであるこんにゃくの特性を活かし、糖尿病および生活習慣病の予防に向けた機能性食品の開発を取り組み、2006年、「こんにゃく健康パウダー」という新しい商品を作り出した。

「こんにゃく健康パウダー」は従来のこんにゃくという枠組みを越え、健康食品として開発されたものである。水分を含まず手軽に経済的に運送できるメリットはもちろん、血中のコレステロール、血糖値、トリグリセロイドなどを下げる効果もあり、便秘の解消やカロリーの抑制といったことにも繋がる。

水を加えるだけでゼリー状に固まり、固まり始めた状態で、ほかの材料を混ぜることでさまざまなレシピが作られる。地元の短期大学や料理研究家との新商品開発にもチャレンジし、「こんにゃく健康パウダー」を活用した料理やデザートを開発し、そのレシピを紹介するなど、「こんにゃく健康パウダー」を

利用した各種メニューの商品開発も積極的に取り組んでいる。海外への販路も広げており、現在は米国と中国にも輸出している[16]。

## (2) 事例2．繊月酒造株式会社―球磨焼酎

熊本県人吉に本社と蔵を持つ繊月酒造株式会社（以下、繊月酒造）は明治36年（1903年）10月創業、100年にわたって球磨焼酎造り一筋でやってきた酒類醸造企業である[17]。人吉城の別名「繊月城」よりその名を継承してきたという。球磨焼酎の本場である人吉で最も愛飲されている米焼酎である。売上の8割以上が九州域内であるが、2009年より海外へも輸出をはじめ、現在は香港、台湾、上海、シンガポール、韓国、アメリカ、スイスへと販路を広げ、売上も順調に伸びている。

球磨焼酎（本格米焼酎）とは、熊本県産の厳選された米を熊本県球磨川の伏流水で仕込んで伝統的な手法で造られる焼酎である[18]。戦国時代に大陸から人吉へと伝わった焼酎とその焼酎造りの製法、米・米麹・水だけで作られ、甘味料・香料・その他添加物も一切加えていないことが同社製品の特徴である。戦後、球磨焼酎が全国的に知られていなかった昭和30年代にいち早く熊本、福岡、東京へと販路を広げてきた。現在では、球磨焼酎は地名を冠することを世界的に認められている数少ない産地指定ブランドとまでなっている。工場では近代化されたシステムも導入されているが、焼酎造りの本質は昔ながらの伝統

**【図表4-5】　繊月ブランドの球磨焼酎**

（写真提供）繊月酒造株式会社

的な手法を大切にし、受け継がれている。焼酎造りの季節だけ杜氏を他県から雇い入れる蔵が多いなか、繊月酒造は創業当時から自前の杜氏を抱えてきた。歴代の杜氏が独自に開発した技術や工夫がうまく継承され、50銘柄以上の酒質を造る技術の根源となっている（図表4-5　繊月ブランドの球磨焼酎）。

①現地代理店シティ・スーパーとの関係

　繊月酒造の海外販路への拡大は、香港のシティ・スーパー（city' super）との関係を抜きにしては語れない。2009年同社が海外輸出をはじめたきっかけが、シティ・スーパーが販売促進の一環として行っている「焼酎フェア」というイベントであった。

　シティ・スーパー（city' super）は香港人をターゲットに香港で生まれた香港の企業である[19]。1996年旧西武百貨店の香港西武売却時にスピンアウトした故石川正志氏（元店長）が香港西武の部下を引き連れ、香港で立ち上げた完全ドメスティック企業であり、香港で最も成功している高級スーパーの一つである（三田村，2008）。「世界中から優れた食材を集めて雑貨とともに香港人に提供したい」というコンセプトの下、小売だけではなく、海外から品物を輸入し法人客向けの販売も行っている商社的な機能も同時に持っている[20]。

　シティ・スーパーは主に海外からの輸入食材や雑貨を扱う高級スーパーを展開している。生鮮食料品をメインに、キッチン用品、海外のお菓子、文具・雑貨類、デリ、ワインなど、品揃えの豊富さが人気を呼んでいる。フードコートを併設されている店舗もある。現在、香港だけでなく、台湾、上海への展開も果たしている。中高所得者層をターゲットに世界各国の高級食品を集め、日本の食品も米や豆腐、野菜、海産物、菓子類といったあらゆる種類のものが数多く販売されている。とくに日本酒をはじめ焼酎、梅酒など酒類の品揃えは香港では群を抜いている。また、仕入れを他社に任せることはせず、世界から他店にないユニークで喜ばれる商品を自ら仕入れるというこだわりで他店に対抗してきた。日本だけでなく、欧米などの特産物フェアなど店頭のイベントを通じて、海外の食材や雑貨の販売促進に力を入れている。日本食文化を香港や台

湾、上海へと紹介し、より多くの地域産品の販路拡大が期待されている。

　繊月酒造の香港展開も、シティ・スーパーが主催した「焼酎フェア」への出展が最初のはじまりであった。「焼酎フェア」では、店頭の試飲プロモーションに加え、日本の焼酎を現地の方に知ってもらうために、カルチャクラブ（店舗併設のイベントスペース）での焼酎に関する講習会等も行った。シティ・スーパーはこのような店頭販売促進イベントを行うだけではなく、そこに必要なプロモーション資料、リーフレットの撮影や制作も一括して代行、経営資源の限られている中小零細企業にとっては大きなサポートとなっている。

　また、店頭における販売促進のほか、飲食店やホテルなど法人向けの営業も積極的に行っている。販路開拓のための法人訪問をシティ・スーパーが企画、繊月酒造の営業担当とともに、現地の新規法人顧客開拓を進めてきた。その成果もあり、売上が順調に伸びている。

**②海外にも通用する新商品の開発──紫蘇リキュール「恋しそう」**

　繊月酒造の海外販路拡大を後押ししているもう一つの要因は、海外でも人気を博す紫蘇リキュール「恋しそう」という商品の開発である（図表4-6　恋しそう写真）。これまで球磨焼酎を飲まれていない女性をターゲットにし、新たな可能性を開くとともに、海外においても、リキュール分野で非常に人気が高い商品となっている。海外バイヤーとの商談会における投票においても、ダントツの1位を獲得、熊本県物産振興協会の「優良新商品表彰事業（食品部門）」でも平成20年度に最高得点で金賞を受賞している。

　紫蘇リキュール「恋しそう」は、熊本県内の農場で契約栽培された赤紫蘇を原料にした球磨焼酎をベースにしたリキュールであり、女性にターゲットを絞り開発された商品である。紫蘇はビタミン・ミネラルを豊富に含み、古来より薬効が認められている。花粉症などのアレルギーの緩和にも効果があると注目されている。赤い色は赤紫蘇の天然の色を抽出したものであり、香料・着色を加えてない自然の色で、保存料・着色料は使用していない。健康志向の高い海外の顧客にとって、「健康によい」「安全・安心」というものが非常に魅力的に

【図表 4-6】「恋しそう」(紫蘇リキュール)

(写真提供) 繊月酒造株式会社

感じられるとのことである。

　焼酎を使ったリキュールは、ホワイトリカーベースのものが多く、梅酒類が多い。また、原材料が本格焼酎ベースのリキュールはまだ少なく、「恋しそう」のように本格米焼酎と紫蘇の組み合わせは非常に珍しい。

　紫蘇リキュール「恋しそう」の開発に当たって、繊月酒造だけではなく、共同研究に携った熊本県産業技術センター(熊本県の公設技術支援機関)の役割も大きい[21]。繊月酒造は熊本県産業技術センターとの共同研究という形を通じて、試行錯誤をながら、味や色の調整をし、球磨焼酎をベースに赤紫蘇を利用する、これまでのない、新しいリキュールの開発を実現した。外部の公設試験場を活用し、共同研究を通じて新商品・新技術の開発を行うことが、経営資源に乏しい中小零細企業にとって、実に大事であることを改めて感じさせる事例である。

(3) 事例 3. 合名会社まるはら―鮎魚醤

　大分県日田市にある合名会社まるはら(以下、まるはら)は、醤油・味噌製

第 4 章　中小零細食品企業の海外販路開拓戦略

造の老舗メーカーであり、天領日田を代表する味噌・醤油蔵である[22]。明治 32 年（1899 年）に創業し、百年以上の歴史を持っている。従業員約 25 名、近代的な設備の中にも昔ながらの製法が引き継がれて、変わらぬ味と香りを守り続ける。

　まるはらは伝統的な味を守る一方、積極的に新商品の開発に取り組んでいる。4 代目社長の原次郎左衛門正幸氏は、伝統の有る醤油・味噌作りを続けながら、最新の製造技術・機械も導入し、時代にあった新しい醤油や関連商品の開発を積極的に行っている（図表 4-7　原社長、蔵元写真）。そうした新商品が海外市場への道を開いた。そのうちの一つが 2004 年発売の「鮎魚醤」である（図表 4-8　鮎魚醤、海外市場向けのチラシ）。大分県日田市名産の養殖アユと塩だけを原料とし、魚醤の独特の臭みがなく、料理に加えるだけで素材の味と香りを引き立てる。和食・フレンチ・イタリアンなどの高級料理にも幅広く活用できる。国内外のプロの料理人が調味料の隠し味として使っており、評判が高い。また、パリやニューヨークのレストランショーで注目を浴び、イタリア料理の有名シェフたちからも高い評価を受けている。現在、日本国内だけでなく、アメリカ、フランス、香港など世界の美食の都にも輸出されている。年間 15 トンの鮎魚醤が生産されている。

【図表 4-7】　合名会社まるはら代表 4 代目社長原次郎左衛門正幸氏（左）、及び本社蔵元（右）

（写真提供）合名会社まるはら

【図表4-8】「鮎魚醤」(左)、および海外市場向けのチラシ(右)

(写真提供)合名会社まるはら

そして、醤油・味噌・ラムネのほか、「鮎魚醤」、さらに「鮎魚醤」入りの醤油や焼き肉タレや即席みそ汁やポン酢などの新商品も開発し製造・販売を行っている。

① 「鮎魚醤」の開発ストーリー

ヒット商品の「鮎魚醤」がどのように開発されたか。その開発ストーリーは以下のとおりである。

日田市には三隈川や玖珠川などの清流が流れ、古くから鮎漁や鮎の養殖が盛んな場所である。2000年春、まるはらの近くの鮎養殖業者から規格外の鮎の有効利用を持ちかけられ、鮎魚醤の研究はスタートした。

当時のことについて、4代目社長の原次郎左衛門正幸氏は次のように語る。

「10年も前になりますか。地元の鮎の養殖業者から、廃棄物扱いになって

しまう規格外の大きさの鮎や、傷がついて売りものにならない鮎を何とか利用できないかと、相談をうけました。

当社は醤油蔵なので、鮎を使った魚醤はどうかと考えました。そこで、その頃タンパク質分解酵素の研究を進めていた大分県産業科学技術センターと共同で、多くの分解酵素の中から適した酵素を利用して、鮎魚醤を開発することになったのです。」[23]

このように、まるはらは大分県産業科学技術センターと、以前から新商品の開発について付き合いのあるフードコンサルタントと共同で、魚醤の開発を取り組むことにした。しかし、開発プロセスはけっして順風満帆ではなかった。実際商品化できるまで約4年間もかかったという。試行錯誤の繰り返しの結果、世界でも類をみない、淡水魚を使った魚醤を開発し、その製法を確立できた。

川魚の鮎を使った魚醤はこれまでに例がない[24]。共同研究で生み出した新しい製法（製法特許取得）により、魚醤独特の臭みもなく、鮎と塩だけでの無添加調味料を造り出した。平成16年（2004年）9月に大分県との共同で特許も取得している。

「鮎魚醤」は料理の味を引き立て、うまみを増してくれる調味料として海外でも高く評価される。また、魚醤としての独特な臭みもないことから、幅広く様々な国籍の料理に相性を気にせず使える。東京では高級百貨店などで販売されており、有名なイタリア料理店でも使われている。海外のシェフたちからも高く評価され、たとえばパリの三ツ星レストラン"アストランス"でも「鮎魚醤」が使用されている[25]。

②次から次へと新商品を開発する

まるはらは現在「鮎魚醤」をベースに、魚醤入り醤油、焼き肉のタレ、即席みそ汁、ポン酢など「鮎魚醤」関連の新商品を続々と開発している。

そして「鮎魚醤」に続き、「鮭魚醤」の開発にも成功した。原材料は鮭と塩

のみである。海の魚特有の香りが少し残るが、旨みは鮎魚醤の1.5倍もあるという。「鮎魚醤」と並んで、これから期待される新しい調味料である。

　また、海外で流行の日本フュージョン料理（創作料理）に使える、便利な「寿司醤油ペースト」「柚子ぽん酢ペースト」を開発し発売した。社長の原次郎左衛門正幸氏がニューヨークのレストランでカリフォルニアロールを注文した際にヒントを得た。そのときに出てきたカリフォルニアロールにかかっていたソースが、見栄えも味も悪かったため、味も良く、デコレーションもできる醤油を開発しようと思いついたのが、「寿司醤油ペースト」「柚子ぽん酢ペースト」開発のきっかけとなった。

　まるはらはさらなる海外マーケットを開拓するため、上海、リヨン、ニューヨークなど積極的に海外のレストランショーに出展する。同時に、海外にとって魅力的な商品、海外マーケットで可能性のある関連商品の開発も積極的に行い、次から次へと新商品を開発していく。

### （4）事例4.（有）糸島みるくぷらんと―のむヨーグルト伊都物語

　有限会社糸島みるくぷらんと（以下、糸島みるくぷらんと）は福岡県糸島にある乳製品製造・販売会社である[26]。牛乳消費低迷の解決策として、1992年1月、当時の糸島地方酪農協同組合（現ふくおか県酪農業協同組合西事務所）と約30戸の糸島地区の酪農家が出資し創設した乳業会社である。「安心・安全・美味しさ・健康」をキーワードに、こだわりの乳製品を提供する。

　糸島の酪農家から調達した搾りたての新鮮な高品質の生乳を原料に、低温殺菌牛乳や生乳を使ったヨーグルトを作り、「伊都物語」というブランドで、牛乳やヨーグルト製品の製造・販売を一貫して手がける。

　「伊都物語」は発売直後から、「コクと深みがある、生乳に近い味わい」として顧客に高く評価され、順調に販路が拡大していった[27]。とくに安定剤・酸味料の無添加にこだわり、水を一滴も加えない「のむヨーグルト伊都物語」は、同社の主力商品となる。日本国内だけでなく、香港など海外マーケットにおいても人気商品となり、売り場に並べるとすぐ売り切れになるヒット商品であ

る。

　糸島みるくぷらんとは設立2年目に年商1億円を達成し、現在は年商3億円を売り上げる[28]。売上の約3分の1を牛乳が占め、ヨーグルトやソフトクリーム、さらに牛乳焼酎も生産している[29]。同社の販売シェアは福岡県が全体の8割を占めるが、九州一円と沖縄にも出荷している。2005年11月からは香港にも輸出している[30]。

① 「のむヨーグルト伊都物語」の開発

　100%の生乳を使い、自然の味とコクを濃縮した「のむヨーグルト伊都物語」は現在同社の主力商品であり、海外でも人気商品となっているが、その開発は順風満帆ではなかった。

　糸島みるくぷらんとは当初、高品質の牛乳を中心に販売していた。しかし、会社設立から4年が経過し、牛乳の販売が伸び悩みはじめた。社内では、牛乳に加えて新しい商品の開発を急ぐべきという声が増え、当時消費が上昇傾向にあったヨーグルトに着目、1998年から開発に取り組みはじめた。

　しかしその開発は思いのほか難航した。普通のヨーグルトを作るだけでは、大きな売上が期待できない。既存商品との差別化を図るため、生乳そのものを原料とした、「生乳100%使用」、「生乳の自然の味」を実現した、新しいタイプの新商品が必要である。しかし、当時販売されていたヨーグルトのほとんどは脱脂乳を使ったものであり、生乳そのものを原料とした商品は少なかった。牛乳と同様、品質・味へのこだわりを実現できる製法はなかなか見つからなかった。

　開発着手から1年ほど経った頃、某機械メーカーと出会い、水を一滴も加えない、生乳のみを使用したヨーグルトの製造が実現した。その後、試作を重ね、4年の月日を経て、酸味料や安定剤を加えず、生乳の味を生かした「のむヨーグルト伊都物語」を完成、2002年に発売を開始した（図表4-9　のむヨーグルト伊都物語）。その後、さらに「たべるヨーグルト伊都物語」を独自開発するなど、商品のラインアップを充実させていった。

【図表 4-9】「のむヨーグルト伊都物語」

(写真提供) 有限会社糸島みるくぷらんと

　「のむヨーグルト伊都物語」は、原料に糸島地方酪農業協同組合で最も品質の高い生乳を使用する。ヨーグルトは通常、脱脂粉乳を水で溶いて製造する場合が多いが、「伊都物語」は水を一滴も使わず毎朝搾りたての生乳のみを使い、オリゴ糖を加えるのが特徴である[31]。最高品質の健康な乳牛から搾乳した選りすぐりのものを使い、酸味料や香料、安定剤といった添加物を一切加えていないことが、生乳に近い味を実現できる秘密であるという[32]。また、含まれる乳酸菌は厚生労働省基準値の数十倍（約6億個）という特徴を持つ。2002年3月の販売開始以降、健康志向の高まりも重なり、順調に売上が伸びている。

　「のむヨーグルト伊都物語」と「たべるヨーグルト伊都物語」は、販売から1年ほどで同社の主力商品へと成長した。現在、売上高のうち、両商品の売上が半分以上を占めている。

　②香港へ輸出、ヒット商品となる

　一般的なヨーグルトと違い、「のむヨーグルト伊都物語」が100%生乳を使い濃厚な味わいを実現していることから、日本国内だけでなく、海外でも売れるはずと考え、糸島みるくぷらんとは、2005年に香港向けに「のむヨーグルト伊都物語」の輸出を始めた。

　これまで、香港への乳製品輸出は、ホクレン農業協同組合連合会（札幌市）

や九州乳業（大分市）が手掛けた賞味期限約2ヶ月のロングライフ牛乳が主流だった。生乳で製造されたヨーグルトを輸出することは地元の業界のなかでも珍しい先導的な行動であるという[33]。

新鮮な牛乳やヨーグルトは賞味期限が短い。船便で送ると安くなるが、約1週間の輸送期間がネックとなってしまう。糸島みるくぷらんとは、船便に比べコストが高いが、商品が新鮮なまま送れる、福岡空港からの空輸という方法を採った。

2005年11月の輸出開始以降、「のむヨーグルト伊都物語」はその売上を順調に伸ばしている。香港では代理店A社を通じて、日系スーパーやストアなどで販売している。週一回しか空輸で商品が入ってこない上、現地価格は日本国内の2～3倍にもかかわらず、安心・安全などの製品への信頼度やその濃厚な味わいが評判を呼ぶ。売り場に並べたらすぐ完売する大変な人気商品となっている[34]。

香港での成功において、代理店A社との連携が欠かせなかった。パッケージの改良や、現地で売れるサイズを2種類に絞り込むなど、現地顧客から情報をキャッチし、糸島みるくぷらんとにフィードバック、常に一緒に改善を重ねていく。また、現地ではこれまで全く無かった生乳100%から作ったヨーグルトの味を顧客に周知するため、売り場にスタッフを配置し、試飲などの販売促進活動を行ってきた。さらに販売促進に効果的なポスターや写真等の販促作成、現地での生産情報の提供など、「のむヨーグルト伊都物語」が香港でヒットした背景には、代理店A社の存在が大きい。

代理店A社は更なる販路拡大のため、一般の小売の販売チャネルだけでなく、ホテルなど法人客への営業も行い、売上を確実に伸ばしている。また、商品コストを削減し輸出量を更に増やすため、ロジスティックの改善や、船便の可能性、賞味期限を延ばす方法などを模索し、糸島みるくぷらんととともに改善を進めている。

## 4. 考察―中小零細食品製造企業の海外販路開拓戦略

　本節では、海外販路開拓に成功した4社の事例から、中小零細食品企業の海外販路開拓戦略について考える。とくに国際マーケティング戦略の4つの要素（4P）の中のProduct（商品）、Promotion（販売促進）、およびPlace（チャネル）の観点から整理する。結論からいうと、以下のようなポイントが挙げられる。

**海外へ販路拡大するための中小零細企業の取り組み**
（1）新商品開発の製品戦略（Product）：現地に合わせて開発。公的研究機関との共同研究。海外市場のために開発された新商品が逆に日本国内の市場拡大につながる。
（2）現地代理店・輸入商社との連携を通じて、販売促進（Promotion）や新規開拓（Place）を行う。また、現地情報を収集し日本へフィードバックする役割も果たす。

### （1）新商品開発（Product）
#### ①新商品開発

　中小零細企業の海外販路拡大においては、最初にクリアしなければいけないのは、現地に魅力を感じてもらえるような商品の開発・提供である。新商品開発（製品イノベーション）が海外マーケットの開拓において如何に重要なのか、事例を通じてみえてくる。石橋屋は海外の顧客に受け入れやすくなるよう、スパゲッティ状にこんにゃくを加工し、こんにゃく麺を開発した。繊月酒造は、海外の人にカクテル感覚で飲めるような紫蘇リキュールを売り出し、大きな反響を呼んだ。また、まるはらは、和食だけではなく、イタリアンやフレンチなど、さまざまな料理にも使えるような調味料を開発し、その味が海外の有名料理店に高く評価されるようになった。海外市場へ進出が後発でありなが

ら、現地の顧客に受け入れてもらえるには、魅力のある商品の開発が重要なカギとなっている。

しかし、一言で新商品開発といっても、新しいものであれば何でもよいというわけではない。商品開発の方向について、日本と現地の食文化との違いにいかに対応しているか、更に現地に既に類似商品が存在しているかによって変わってくる。

既に類似商品が存在している場合は、「差別化」が重要な戦略となる。たとえば、ヨーグルトの場合、ヨーグルトという食品は既に香港に存在しているし、ヨーグルトを食べるという食文化も定着しているので、ヨーグルト商品がたくさんある。日本の中小企業が同じくヨーグルトを販売する場合は、顧客にとって更に大きな満足価値を提供しなければいけない。顧客が飲めばその違いが誰でもすぐ分かるような大きな商品価値をつける必要がある。そういう意味で伊都物語の「のむヨーグルト」は、これまでにない濃厚な味わい、無添加で体に良いという商品価値を付加することで、香港のマーケットでのヒットに繋がった。

② 「既存技術をベースにした新商品開発」及び「新技術をベースに使った新商品開発」

しかし、そもそも現地にその食品が存在していない、あるいは、食文化として定着していない場合は、日本にある商品をそのまま現地に輸出しても、あまり受けてくれない。買ってくれても、せいぜい現地の日本人や日本食に興味のある顧客だけに留まり、大きな売上が期待できない。そのため、現地にとって全く新しい食品である場合は、日本の中小企業が「既存技術をベースにした新商品開発」、あるいは新たに技術を開発し「新技術をベースに使った新商品開発」を行うことが重要な戦略となる。

図表4-10に示したように、たとえば、石橋屋はこんにゃくの既存技術を活かし、海外でも食べられるこんにゃく麺を開発した。その後、更に大学との共同研究を通じ、まったく新しいタイプのこんにゃく健康パウダーを開発し、そ

【図表4-10】 事例企業の新商品・新技術開発

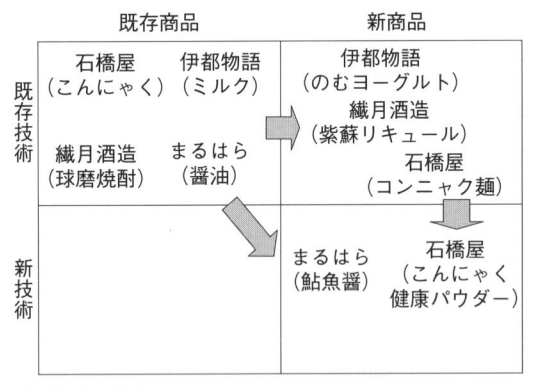

|  | 既存商品 | 新商品 |
|---|---|---|
| 既存技術 | 石橋屋（こんにゃく）　伊都物語（ミルク）<br>繊月酒造（球磨焼酎）　まるはら（醤油） | 伊都物語（のむヨーグルト）<br>繊月酒造（紫蘇リキュール）<br>石橋屋（コンニャク麺） |
| 新技術 |  | まるはら（鮎魚醤）<br>石橋屋（こんにゃく健康パウダー） |

（出所）筆者作成

の製造技術を確立することができた。同じように繊月酒造も、焼酎を造る技術を活かし、カクテルのような紫蘇リキュールを生み出したのである。

石橋屋の場合、最初の段階では、既存技術をベースにこんにゃく麺という新商品を開発して大ヒットしたが、その後、研究開発を更に進め、既存技術とはまったく異なる、こんにゃくをパウダー状にし、水を入れるだけで常温でこんにゃくを作れるという斬新的な技術を用いた新商品を世の中に出すことができたのである。

③外部研究機関との共同研究

中小零細企業が海外展開に必要な新商品を、「既存技術をベースにした新商品の開発」を行う、あるいは新たに新技術を開発し、その技術をベースにした「新技術をベースにした新商品開発」を行う必要がある。しかし中小企業は社内の資源が限られており、これまでと大きく違う飛躍的なイノベーションを起こすためには、外部の資源をうまく活用しながら、新しい視点から技術革新を取り組むことが求められる。こういったイノベーションは企業内だけで完結する場合もあるが、多くの場合は、公設機関によるサポートが必要だろう。考察対象となっている事例企業においても、新商品開発の際、公設試験場や大学や

コンサルタントなど外部機関との共同開発という形で行われることが多い。

企業事例の中では、たとえば石橋屋、繊月酒造、まるはらは、産学官連携を通じて新技術・新商品開発を行ってきた。繊月酒造は熊本県産業技術センターと、まるはらは大分県産業科学技術センターや食品コンサルタント、そして石橋屋は福岡県工業技術センターや地元の大学などと、共同研究開発プロジェクトを通じて、海外市場を含む域外市場向け新商品開発を取り組み、大きな成果を獲得することができた。

**④海外市場のために開発された新商品が逆に日本国内の市場拡大につながる**

中小零細企業が海外販路拡大のために新商品や新技術を開発することが、やがて日本国内における販路拡大にもつながる。たとえば石橋屋の場合は、研究開発や海外販路開拓などに積極的に取り組み、海外マーケットの展開とその成果が、国内においても知られるようになり、海外展開したことで、逆に国内における知名度も高くなっていった。このように、海外市場向けに開発された新商品が、海外マーケットだけでなく、国内マーケットにおいても売られ、国内販売の増加にも繋がっていくことがある。

## （2）販売促進戦略（Promotion）・流通戦略（Place）―現地代理店・輸入商社との連携

次に、海外販路拡大において、中小零細企業と現地代理店・輸入商社との連携（販売促進、新規開拓、現地情報の日本へのフィードバック）が非常に重要であることが観察される。

中小零細企業の場合は、経営資源が限られているため、自らの力で現地での情報収集や現地の販売業者との交渉など独力でマーケティング活動が難しい。そこで現地代理店・輸入商社との連携が成功のカギとなる。現地代理店・輸入業者の役割について、企業事例を整理すると、以下の3つが指摘できる。

①売り場や販売チャネルの確保と拡大（Place）

消費財として食品を現地に売り出すためには、まず売り場や販売チャネルの確保が大事である。日本の食料品は従来のように日系のスーパーやストア、日本食材を専門に取り扱っている店にだけ販売しているだけでは限界がある。日本人や日本通のみではなく、一般的な現地の人にも普通の食材として買ってもらうためには、地元のスーパーやストアでの売り場の確保が必要となる。しかし、日本企業がいきなり地元の販売業者に交渉しても、うまくいくことが難しいので、現地の代理店と同行したり、現地代理店に交渉を任せたりすることが効果的であろう。

事例企業においてもそのようなケースがみられる。香港での日系スーパーだけでなく、地元の店やスーパー、高級食材を販売するシティ・スーパーなども含む、流通チャネルの多様化と拡大が、重要な戦略となる。それを実現するためには、現地代理店の役割が大きい。たとえば、伊都物語の商品を代理している現地代理店A社は、糸島みるくぷらんとの代わりに現地のスーパーやストアなど販売業者と交渉し、主要な販売チャネルを確保することに貢献した。更に販売を拡大するため、最近はホテルなど法人顧客向けの営業も行い、生産財として売り込み、新規開拓も積極的に行ってくれる。そのおかけで、零細企業である糸島みるくぷらんとがどんどん海外での売上を伸ばすことができるようになったのである。

同様に、繊月酒造の場合も現地代理店であるシティ・スーパーが、自社のストアにおいて販売のみならず、飲食店など法人向けの新規開拓を積極的に行っている。新規法人顧客開拓のため、営業のプランを立て、繊月酒造の営業担当と一緒に顧客の訪問などしている。

②商品の説明、商品に関する情報の浸透（Promotion）

さらに、製品の存在を顧客に知ってもらうことが重要である。商品が優れても、顧客がその商品の存在と良さを知らなければ、店頭で並べても見過ごされてしまう。

第4章　中小零細食品企業の海外販路開拓戦略

　第2節でも指摘したように、消費財としての食品を現地に販売するときに、不特定多数の顧客を対象にしているだけではなく、顧客の商品に対する知識が豊富でない場合も多いことから、売り場での販売の仕方や顧客への商品説明の仕方などが、重要な要素となる。

　すでに現地にある食品、あるいは、文化的に近い食品の場合は、現地の顧客に対し特に商品の説明をしなくても大きな問題はないだろうが、既存品との違いを知ってもらうためには、味や成分や効果などの違いをきちんと顧客に訴えなければならない。新しい商品を現地に売り込み、新たなマーケットを形成させていく場合はなおさらである。商品の味、特性や食べ方、更に効果などを顧客に直接に地道に説明し、商品を理解してもらわなければならない。店頭での実演販売、試食、家庭のレシピ集の配布などが、商品情報の伝達と浸透において、非常に効果的である。これらの販促活動についても、現地代理店・輸入商社が重要な役割を果たしている。

　テレビや新聞などのマス媒体広告は幅広い消費者を対象にアピールができるが、中小企業にとっては広告費用が高すぎる。またチャネルの数が大企業に比べて限られるため、マス媒体広告に大きな費用をかけても実質に売れる分に対する効果は小さいだろう。

　これに対して、サンプル配布、試食会・試飲会、店頭でのPOP広告（小売店舗内で掲示される広告）などの販促活動（セールス・プロモーション）は中小企業にとってより効果的であると考えられる。販促活動は、小規模で短期間だけの実施が可能である。また地域や対象となる顧客を限定して実施することもできるので、費用の削減ができる。

　このような販促活動は、日本の中小企業が単独で行うよりも、現地代理店／輸入業者と一緒に行ったほうが効率的になりやすい。たとえば「のむヨーグルト伊都物語」の場合は、代理店A社が販促のために必要な店頭スペースや店の一番賑わう時間帯について店舗側と交渉し、スペースと時間の確保をする。さらに現地の消費者に訴えるために適切なPOP広告やポスターのアイデアを糸島みるくぷらんとに伝え用意してもらうなど、効果的な販促方法を提案す

る。また現地代理店／輸入業者の現地のスタッフによる現地流の販促手法で商品の情報を伝えるため、商品の説明や商品に関する情報を現地の顧客に対してより効率よく伝達することができる。

③現地顧客からの情報を日本へフィードバック

海外に日本食品を販売するとき、現地の好みや消費事情や販売環境などに合わせ、パッケージや容量、さらに味の微調整が必要となることもよくある。どのようにしたら顧客にとって魅力的なパッケージになるか。プレミアムをつけたほうが良いか。どのようなプレミアムをつけるか。その商品はどのサイズでどの程度の値段だったらたくさん売れるか。売り場の陳列方法や保存環境をどう設定するのか。このようなマーケティング細部に関する重要な情報をキャッチするには、現地のマーケットを熟知する現地代理店からのサポートが欠かせない。

事例では、現地代理店が、市場や顧客の情報を正確に把握して、すばやく日本側に提供し、商品のパッケージや内容の改良または微調整を行い、現地の顧客に求められる商品を提供することができた。現地代理店が現地に関する情報を収集しフィードバックする役割を果たしたことが、日本の中小零細企業にとって、とても重要な意味を持つと考えられる。

## 5. おわりに

本論は、後発の中小零細食品企業の海外販路拡大について考えた。国境を越えて食品という消費財を海外に売り込むことは決して容易ではない。しかし、そうした中でも、海外売上を着実に伸ばしていく中小企業もある。中小零細企業でありながら、海外展開を通じて更なる成長を遂げることも可能なのだ。

そのためには、公設技術機関や大学など外部資源を上手に利用しながら、新商品開発を行うことが重要である（4Pの中のProduct）。また現地代理店／輸入業者との連携も不可欠である。販売チャネルの確保や新規開拓（4Pの中の

Place)、さらに店頭における販促活動を実行し商品情報を消費者に伝えること（4Pの中のPromotion）など、現地代理店／輸入業者の役割も重要である。このように海外販路開拓戦略を工夫すれば、後発の中小零細企業でも十分に海外展開できる可能性がある。

さらに、海外展開を強く意識することによって、これまで国内市場だけをターゲットにした時とは全く違う、新しい観点から新商品開発ができる。まるはらの「寿司醤油ペースト」「柚子ぽん酢ペースト」や石橋屋の「雑穀こんにゃく麺」「こんにゃく健康パウダー」はその例である。海外市場で外国人にも使ってもらうためにどのような商品が良いか、という観点からこれまでにない新しい観点から商品開発ができた。このように海外市場を強く意識するゆえに出てくる新しいアイデアや発想が、斬新的な新商品の開発に導き、飽和状態になっている国内市場へ刺激となる可能性もある。海外販路開拓の取組みが、最終的に国内市場の成長にも繋がることも期待できる。

**謝辞**

本稿作成にあたって、有限会社石橋屋社長石橋渉氏、繊月酒造株式会社常務取締役堤純子氏、営業部長松田篤行氏、合名会社まるはら社長原次郎左衛門正幸氏、有限会社糸島みるくぷらんと代表取締役宮崎英文氏、取締役副社長中村敏彦氏、専務取締役冨永豊氏、総務部長河野愛子氏よりご協力ならびに種々のご助言を賜りました。ここに深甚なる謝意を表します。

[注]
1. 農林水産省『21世紀新農政2008～食料事情の変化に対応した食料の安定供給体制の確立に向けて～』資料〈http://www.maff.go.jp/j/shin_nousei/pdf/ref_data.pdf〉最終アクセス：2011年8月15日。
2. 日本経済新聞出版社編『経済・ビジネス基本用語4000語辞典』2009年。
3. Ghauri & Cateora（2006），pp. 259-264。
4. 農林水産省「農林水産物・食品の輸出統計」〈http://www.maff.go.jp/j/export/e_info/zisseki.html〉最終アクセス：2011年8月15日。
5. 有限会社石橋屋ホームページ〈http://konjac.jp/〉最終アクセス：2011年10月11

日。
6. JETRO（2010）「米国市場への挑戦・事例集」『米国食品輸出ハンドブック』。
7. 『読売新聞』2010年6月14日付。
8. 中小企業庁編『明日の日本を支える元気なモノ作り中小企業300社 2009年度』, p. 29。
9. 『読売新聞』2010年6月14日付。
10. 『コロンブス』2010年5月号。
11. 『毎日新聞』2008年12月5日付。
12. 『コロンブス』2010年5月号。
13. 『毎日新聞』2008年12月6日付。
14. 『読売新聞』2010年6月14日付。
15. 『コロンブス』2010年5月号。
16. 「こんにゃく粉の健康食品　石橋屋、米市場に投入」『日刊工業新聞』2010年3月10日付、「こんにゃく粉末供給　石橋屋食品・菓子にも提案」『日刊工業新聞』2010年9月10日付。
17. 繊月酒造株式会社ホームページ〈http://www.sengetsu.co.jp/〉最終アクセス：2011年10月11日。
18. 球磨焼酎とは、米麹及び球磨川の伏流水である熊本県球磨郡または同県人吉市の地下水（以下、球磨の地下水）を原料として発酵させた一次もろみ米に球磨の地下水を加えて、更に発酵させた二次もろみを熊本県球磨郡または同県人吉市において、単式蒸留器をもって蒸留し、かつ、一切の添加物を加えず容器詰めした焼酎である。熊本県人吉・球磨地方で造った米焼酎しか球磨焼酎と呼べない。産地指定を受けている世界ブランドである。（球磨焼酎酒造組合より）
19. city' super のホームページ〈http://www.citysuper.com.hk/〉を参照。最終アクセス：2011年4月25日。
20. プレジデントロイタ「トーマス・ウー「香港の大人気スーパーに生きる日本のDNA」」〈http://president.jp.reuters.com/article/2009/01/29/014AD4F0-E6BA-11DD-B1E3-95F23E99CD51.php〉最終アクセス：2011年3月30日。
21. 熊本県産業技術センターは、産業技術及び農林水産物の加工に関する研究開発、指導及び支援、並びに適正な計量の実施の確保を行い、県内産業の振興を図ることを目的にして熊本県が設置した技術支援機関である。熊本県の産業全体を一つの会社に例え、その会社の「技術部」としてサポートに取り組んでいる。小さい企業では持てないような高価な機器を、産業技術センターが保有し、多くの企業が利用できるように支援する。また、食品加工の分野では地域特産の県内農産物をどうやったら付加価値がつきビジネスになるのか、そのようなアイディアを提案し、売れるものづくりのための支援を行っている。
22. 合名会社まるはらホームページ〈http://www.soysauce.co.jp/〉最終アクセス：

2011 年 4 月 3 日。
23. 農林水産省 HP「規格外の鮎を使った魚醤を開発」aff（あふ）2011 年 4 月号、「チャレンジャーズ」第 42 回。〈http://www.maff.go.jp/j/pr/aff/1010/challenger.html〉最終アクセス：2011 年 4 月 24 日。
24. 大分県商工労働部工業振興課編（2009）『大分発きらりと光るものづくり企業 80』大分県商工労働部。
25. まるはら会社 HP.〈http://www.soysauce.co.jp/〉最終アクセス：2011 年 4 月 3 日。
26. 有限会社糸島みるくぷらんとの会社 HP。〈http://www.itomonogatari.com/〉最終アクセス：2011 年 10 月 11 日。
27. 『財界九州』2010 年 3 月号。
28. 『毎日新聞』2010 年 5 月 21 日付。
29. 『毎日新聞』2010 年 7 月 9 日付。
30. 『財界九州』2010 年 3 月号。
31. 『西日本新聞』2002 年 6 月 24 日付。
32. 『財界九州』2010 年 3 月号。
33. 『西日本新聞』2005 年 11 月 10 日付。
34. SOGO HONG KONG, Causeway Bay 店の地下 2 階 Fresh Mart。2010 年 11 月 2 日。


[参考文献]
新井ゆたか（編著）（2010）『食品企業のグローバル戦略―成長するアジアを拓く―』ぎょうせい
大石芳裕（1997）「国際マーケティング複合化の実態」明治大学『経営論集』第 43 巻第 3・4 合併号〈https://m-repo.lib.meiji.ac.jp/dspace/bitstream/10291/2133/1/keieironshu_44_3-4_157.pdf〉最終アクセス：2011 年 4 月 25 日
大石芳裕（編著）（2009）『日本企業のグローバル・マーケティング』白桃書房
角松正義・大石芳裕（編著）（1996）『国際マーケティング体系』ミネルヴァ書房
小坂恕（1997）『グローバル・マーケティング―世界市場での新たな成長の枠組み―』国元書房
近藤文男（2004）『日本企業の国際マーケティング―民生用電子機器産業にみる対米輸出戦略―』有斐閣
高嶋克義・南知恵子（2006）『生産財マーケティング』有斐閣
高嶋克義・桑原秀史（編著）（2008）『現代マーケティング論』有斐閣アルマ
中小企業庁編（2009）『明日の日本を支える元気なモノ作り中小企業 300 社 2009 年度』

農林水産省総合食料局食品産業企画課、食品関連産業の将来展望研究会報告書『食品関連産業の将来展望―アジア市場の動向と食品関連産業が海外展開する際に考慮すべきポイントを中心として―』平成 22 年 4 月 〈http://www.maff.go.jp/j/study/shokuhin_tenbo/index.html〉最終アクセス：2010 年 11 月 6 日

三田村蕗子（2008）『論より商い』プレジデント社

日本貿易振興会編（2000）『実戦　食品輸出読本―世界に広がる日本の味―』日本貿易振興会

Berger, S. and MIT Industrial Performance Center (2006) *How We Compete : What Companies Around The World Are Doing To Make It In Today's Global Economy*, Currency/Doubleday.

Cateora, P. R., Gilly, M. C., and Graham, J. L. (2009) *International Marketing* (14$^{th}$ edition), McGraw-Hill/Irwin.

Dhanaraj, C. and Beamish, P. (2003) "A resource-based approach to the study of export performance," *Journal of Small Business Management*, Vol. 41, No. 3.

Douglas, S. P. and Craig, C. S. (1995) *Global Marketing Strategy*, McGraw-Hill.

Ford, I. D., Leonidou, L. C. (1991) Research developments in international marketing. In : Paliwoad, S. J., editor. *New Perspectives on international marketing*. London : Routledge.

Ghauri, P. and Cateora, P. (2006) *International Marketing, second edition*, McGraw-Hill Education.

Leonidou, L. C, Katsikeas, C. S., Samiee, S. (2002) "Marketing Strategy Determinants of Export Performance : A Meta-Analysis," *Journal of Business Research*, Vol. 55.

Leonidou, L. C. (2004) "An analysis of the barriers hindering small business export development," *Journal of Small Business Management*, Vol. 42, No. 3.

Miesenbock, K. J. (1981) "Small Businesses and exporting : a literature review," *International Small Business Journal*, Vol. 6, No. 1.

# 第5章

# 国際化と国内地場産業産地の変容

山本 篤民

## 1. はじめに

　国内各地にみられる地場産業産地[1]（以下「産地」とする）は、産地製品の生産や流通に関わる多数の中小企業によって形成されている。産地の中小企業は、長期にわたって培われてきた技術や技能、その地域ならではの経営資源を活用することで事業を継承してきた。しかし、近年、産地の多くは、企業数や従業者数、生産額の面からみると縮小にむかっている。なかには、縮小の一途をたどり、消滅の危機に瀕している産地もみられる。

　国内産地が縮小にむかっている理由としては、産地企業が経営不振におちいって倒産したり、事業継続に見切りをつけて廃業に至ったりするケースが増えているからである。その背景を需要面と供給面から整理すると、以下のようなことがあげられる。

　まず、需要面から取り上げると、1990年はじめの「バブル経済」崩壊以降、国内の景気が長期にわたって低迷したことである。とくに輸出にかわり国内市場に活路を見出そうとしていた産地企業にとっては、強い向かい風となった。さらに、消費者の生活スタイルや住環境の変化によって、産地製品の需要が先細りになっているものもある。とりわけ伝統的工芸品[2]などは、人々の暮らしが近代化・洋風化するなかで、使用される機会そのものが少なくなっている。このように、地場産業製品の需要は、低迷・先細りの状況にあったといえよう。

　つぎに、供給面をみると、競争が一段と激化していることがあげられる。とくに90年代以降に注目するならば、国内産地企業は、低コストを強みとする中国企業に国内外の市場を奪われる傾向にある。このような動きに対応して、一部の産地企業は、海外に生産拠点をもうけていった。当初は、国内産地で製造された部品を持ち込み、海外工場で組み立てるという国際分業の体制を目指すものであった。しかし、現地企業からの部品調達や海外工場で一貫生産体制を整える動きも拡がっている。こうした海外進出企業から日本への逆輸入や第

三国への輸出は、結果として国内産地企業の市場や受注機会を減少させることにもつながっている。

　もちろん、国内産地や産地企業の状況は一様ではないが、多くは需要が低迷・先細りするなかで、競争は激しくなっているといえよう。とくに国際的な競争にさらされることで、産地や産地企業の経営環境はいっそう厳しいものになっている。そのため、産地を抱える地元の自治体では、いかにして産地の縮小に歯止めをかけるか、あるいは産地に代わる経済基盤を築いて雇用や税収を維持していけるかが重要な課題となっている。また、個別の産地企業にとっても、いかにして生き残りを図っていくかが問われている。

　このような課題に応えるためには、まず、産地の構造を捉えることが必要である。その際、先に指摘したように、国際化の影響を踏まえて産地の変容を捉えることが不可欠になっていると考えられる。また、産地企業が、どのような取組みにより活路を見出そうとしているのかを明らかにすることも重要である。

　そこで、本章では、3つの国内産地を取り上げて、それぞれの産地が国際化のなかでどのように構造を変容させているのかを検討したい。また、今後、産地や産地企業が維持・発展していくための方向を探っていくことにしたい。

　なお、国内の3つの産地の事例としては、富山県高岡市の銅器産地、愛媛県今治市のタオル産地、石川県加賀市（旧山中町）の山中漆器産地を取り上げていく。これら3つの産地だけでは、国内産地の動向を網羅的に把握することは困難であるが、その一端を示すことを試みていきたい。

## 2. 産地研究の視点と方法、成果

(1) 国内産地研究の視点

　ここでは、まず、産地研究がどのような視点や方法で行われてきたのかを整理したい。また、主な産地研究の成果をふり返りながら、これまで国内産地の構造がどのように捉えられていたのかを明らかにする。

これまで産地研究は、主に経済地理学や中小企業論の研究者によって行われてきた。それらの研究視点を整理すると、まず、産地企業の分布状況や産地内の社会的分業構造を把握しようとするものや、産地の発生・発展・衰退といったプロセスを解明しようというものがある[3]。このように、地域における産業の構造や歴史的な変遷を捉えることを基礎とし、そこから得られた知見を踏まえて、産地の振興策や産地企業の経営課題などが提示されてきた。

　さらに、90年代以降になると産地を産業集積とみなして、集積のメリットなどを解き明かそうというものや、産業クラスター論の視点を踏まえて、産地の競争力や発展方法を導こうという研究もみられるようになった[4]。こうした視点が取り入れられるようになったのは、海外の研究の影響を受けたからというだけではなく、国内各地の経済が衰退しているといった認識が強まったからだと考えられる。つまり、地域のなかでイノベーションを促進することが、地域の衰退に歯止めをかけるうえでも、競争力のある地域を築くうえでも重要だと捉えられるようになったからだと考えられる。ただし、このような議論は、機械工業や先端分野に属するIT産業やバイオ産業が中心であり、地場産業を対象としているものは少ない。しかしながら、産業集積論や産業クラスター論は、産地研究に新たな視点をもたらしたといえるであろう。

　なお、本研究では、産業集積論で論じられている集積のメリットや産業クラスター論で論じられる競争やイノベーションの促進といった視点を踏まえつつも、まずは産地構造の把握と産地企業の実態に即した発展の方向を探っていくことにしたい。

### (2) 国内産地研究の方法

　国内には、500を上回る産地が存在している[5]。それぞれの産地は、異なる生産・流通の構造であるとともに、異なる経緯をたどってきた。そのため、産地研究は、個々の産地の地道な調査・分析を通して進められることになる。

　こうしたことから、産地研究の成果は、単独の産地を取り上げたものが多い。あるいは、数名の研究者がそれぞれの研究成果を持ち寄って、1つの論文

や書籍としてまとめられている。また、後から紹介するように、総論的に産地を論じている研究成果も残されている。しかし、こうした研究も、多くの場合、その研究者が調査対象としたいくつかの産地を基礎に論じられている。

このように、産地研究は、個々の産地の研究を積み重ねることによって成り立っている。しかし、個々の産地のみを対象とするのではなく、多数の産地と比較することも重要である。なぜなら他の産地と比較することによって、特定の産地の特徴を掴むことが可能になるからである。さらに、国内産地の総合的な把握にもつながるからである。

本研究では、全国の産地を網羅的に取り上げるものではないが、3産地を取り上げることで、それぞれの特徴も浮かび上がるのではないかと考えている。また、国内産地の把握にも、わずかながらつなげていくことを目指したい。

## (3) 国内産地研究の成果

本章の「はじめに」のなかで、近年、国内産地が縮小にむかっている状況について触れたが、改めて産地の変遷がどのように捉えられてきたかを明らかにしておきたい。ここでは、とくに国際化にともなう国内産地への影響や産地企業の対応について整理していきたい。

中小企業庁が委託した『全国の産地―平成17年度産地概況調査結果―』によると、産地の年間総生産額に占める輸出額の割合は、3.9％にすぎない[6]。しかし、国内産地の歴史をふり返ると、輸出を足掛かりに拡大してきた産地が多くみられる。実際に、事例として取り上げる高岡の銅器産地や今治のタオル産地は、戦後、輸出によって拡大してきた産地である。とくに戦後の復興期において、これらの産地製品は外貨獲得に大きな役割を果たした。このような点では、産地は「国際化」によって拡大したともいえる。

だが、1970年代に入ると、輸出による産地の拡大に転換がもたらされることになる。下平尾は、高度経済成長の過程で、日本の主要な輸出品が地場産業製品から重化学工業品へと転換していき、1970年代には輸出産業としての地場産業の地位は失われていったと指摘している（下平尾, 1996）。また、清成

は、1971年のドル・ショックを受けて、円切り上げの直接的影響は中小企業一般に対してよりは、地場産業にまさに集中豪雨的に集中することになろうと述べている（清成，1971）。その理由としては、とくに地方型・農村型地場産業においては、輸出振興政策によって低マージンをカバーしてきたのであり、もともと国際競争力が強かったわけではなく、これまでも発展途上国の追い上げを強く受けてきたことを指摘している（清成，1971）。

このように、1970年代は、国内の地場産業にとって転換点となったといえる。続く1980年代はじめから半ばにかけては、下平尾によると、円安・ドル高、アメリカにおける所得税減税による市場拡大により、国内地場産業の輸出も拡大したことを示している（下平尾，1996）。しかし、1985年のプラザ合意後の円高により、輸出量の減少、商品単価の引き下げによってたちどころに経営が悪化したと指摘している。こうしたなかで、一部の産地や産地企業は、輸出から内需に転換を図っていった。だが、下平尾は、多治見などの陶磁器産地を例にあげて、地域的な社会的分業にもとづく量産体制が輸出の急増期には競争力を持ったが、輸出不振時には内需への転換を困難にしていると論じている（下平尾，1996）。一方、西村も同産地を取り上げて、後発工業国は、生産コストの低さに加え、品質管理や納期管理の改善により米国バイヤーの信頼も向上して、海外市場における国内産地の競争力が急激に低下していると述べている（西村，1988）。

さらに、80年代後半から90年までは国内で「バブル経済」が発生することで、内需転換を図った産地企業は、生産を拡大したり、設備投資を実施したりしていくことになった。しかし、「バブル経済」の崩壊やさらなる円高局面をむかえることになる。すると、地場産業製品の輸出が困難になり、外国からの安価、良質の商品が輸入され、国内の地場産業の市場は縮小したと分析している（下平尾，1996）。さらに、高級な繊維や家具なども円高により、割安で輸入されることになり、比較的付加価値の高い製品の国内市場にも影響が出ていると指摘されている。こうした状況を受けて、産地企業は合理化の推進、商品開発、内需への転換、高技術化による高付加価値化、海外進出を進めようとし

ていると論じている。

　以上のように、戦後の国内産地の国際化の影響をふり返ると、円高と途上国の追い上げへの対応の連続であったといえよう。とりわけ、輸出によって拡大を図ってきた産地にとっては、その影響が深刻であった。次節からは、このような概要を踏まえ、3つの産地が具体的にどのように国際化の影響を受けたのか、また、それに対して、産地企業がどのように対応してきたのかをみていくことにしたい。

## 3．国際化にともなう国内産地企業の対応—3産地の事例から

### （1）3産地の概要

　本章で取り上げる3つの産地は、図表5-1が示す「高岡銅器産地」、「今治タオル産地」、「山中漆器産地」である。これらの産地では、それぞれ銅器、タオル、漆器といった消費財が生産されている。ただし、同じ消費財であっても、それぞれ異なる性質の製品が手掛けられている。

　まず、高岡銅器産地では、神仏具や花器などの銅製品が生産されてきた。それらの多くは、「伝統的工芸品産業の振興に関する法律」（1974年制定）にもとづく「伝統的工芸品」に指定されている。もちろん、産地で生産されているのは神仏具や花器だけではないが、こうした伝統的工芸品の需要は、人々の暮らしが近代化・洋風化にむかうなかで、今後、大幅に拡大する見通しは少ない。そのため、従来の伝統的工芸品の生産を続けるだけでは、産地の縮小を免れない状況となっている。

　山中漆器産地の漆器も「伝統的工芸品」に指定されている。ただし、山中漆器産地では、1950年代後半から1960年代に木地に漆を塗る伝統的な漆器から合成樹脂の素材と化学塗料を用いる「近代漆器」に転換する事業者が増加していった。そのため、山中漆器産地では、伝統的工芸品である漆器も製造されているものの、合成樹脂素材の椀や盆、弁当箱などが主要な産品となっている。山中漆器産地は、伝統的工芸品の産地としての色彩がうすれ、合成樹脂製の

**【図表 5-1】 事例一覧**

|  | 高岡銅器産地 | 今治タオル産地 | 山中漆器産地 |
|---|---|---|---|
| 産地の発祥年 | 1611 年 | 1894 年 | 1580 年頃 |
| 伝産法の指定 | 指定 | 指定なし | 指定 |
| 主要製品 | 銅器（神仏具、室内置物、花器など） | タオル | 近代漆器（椀、盆、弁当箱など） |
| 関連事業所数 | 269（2008 年） | 125（2010 年）タオルメーカーのみ | 333（2010 年） |
| 従業員数 | 1,634 人（2008 年） | 2,508 人（2010 年） | 1,600 人（2010 年） |
| 生産額・販売額 | 販売額 124 億円（2008 年） | 生産額 150 億円（2010 年） | 生産額 102 億円（2010 年） |

テーブルウェア製品の産地となりつつある。ただし、こうした合成樹脂製品は、海外からも輸入されていることから、海外製品との競合も激しくなっている。

今治タオル産地は、他の2つの産地と異なり「伝統的工芸品」産地ではない。また、タオルの需要は、伝統的工芸品の需要のように先細りになっているものではない。しかし、中国を中心とした海外製品の輸入が増加しており、国内産地企業は、国内市場を奪われている。

以上のように、3つの産地は消費財を生産するという共通点はあるが、それぞれ国内需要の見通しや海外製品との競合状況は異なっている。

**(2) 異業種に進出する高岡産地企業**

**①高岡銅器産地の変遷**

ここでは、富山県高岡市の銅器産地と産地企業について取り上げていきたい。結論部分を先回りして紹介すると、同産地における伝統的な銅器製品の市場は先細りになるなかで、デザイン性を高めた新製品づくりや金属加工技術を活かした異業種への進出が起こっている。こうした産地の変容と産地企業の取

組みを取り上げていく。

　さて、高岡の銅器産地の起源は、1611年に加賀藩二代目藩主である前田利長がこの地に高岡城を築城し、城下の産業振興のために鋳物師を呼び寄せたことに遡る（板倉，1966）。はじめは、鋤鎌などの農具や鍋釜などの生活用品の鋳物が作られていたが、江戸時代末期になると神仏具や花器などが作られていくようになり、工芸品の町として現在に至っている。

　戦後の高岡産地の変遷をみていくと、戦後復興の過程でアメリカ向けのキャンドルスタンド、花瓶、置物などが製造され大量に輸出されていった。このように、高岡産地は戦後の輸出が産地拡大の契機になったといえる。しかし、1970年代から80年代の円高は、高岡産地の輸出に打撃を与えることになった（遠山，2004）。高岡産地は、輸出不振により低迷するかにみえたが、80年代後半になると好調な国内景気に後押しされ、ふたたび、活況を呈することになる。

　高岡の産地企業は、国内市場に力点を置くようになり、神仏具や花器などの生産・販売を伸ばしていくことになった。とくに「バブル経済」期には、個人だけではなく法人が銅製品を記念品や贈答品として利用したため、需要が拡大した。この時期が戦後における高岡産地の第二の拡大期となる。

　だが、「バブル経済」が崩壊した90年代以降は、景気の低迷による法人需要の減少や海外からの安価な銅製品の輸入増加に直面することになる。さらに、高岡産地の伝統的工芸品は、消費者の生活スタイルや住環境が近代化・洋風化するなかで、需要が先細りになっている。その結果、産地企業の銅器販売額は、図表5-2が示すように1990年をピークにして減少に転じることになる。また、図表5-3は、業種ごとの事業所を表しているが、産地の銅器製品の企画・販売を担う問屋や、製造の中心的な役割を果たす鋳造業の事業所も急激に減少していくことになった。

②高岡銅器産地の構造

　高岡の銅器製品は、鋳造や溶接、研磨、彫金、着色、仕上げといった各工程

【図表 5-2】 銅器品種別の販売額

(単位：億円)

|  | 神仏具 | 室内置物 | 花器 | 屋外置物 | 香炉 | 茶道具 | その他 | 合計 |
|---|---|---|---|---|---|---|---|---|
| 1985 年 | 121.6 | 58.5 | 51.5 | 26.6 | 16.6 | 21.7 | 32.0 | 328.5 |
| 1990 年 | 143.8 | 52.2 | 61.6 | 38.5 | 17.7 | 25.3 | 35.4 | 374.5 |
| 1995 年 | — | — | — | — | — | — | — | 276.3 |
| 2002 年 | 96.0 | 16.1 | 13.3 | 23.5 | 7.8 | 6.1 | 30.0 | 192.8 |
| 2004 年 | 81.6 | 13.7 | 9.4 | 13.2 | 6 | 5.4 | 27.7 | 157.0 |
| 2006 年 | 78.2 | 13.7 | 7.3 | 4.9 | 4.1 | 3.0 | 24.7 | 136.0 |
| 2008 年 | 70.9 | 12.8 | 6.6 | 5.4 | 4.2 | 2.3 | 24.5 | 123.7 |

(出所) 高岡市産業振興部工業振興課『高岡特産産業のうごき』各年版より作成

【図表 5-3】 高岡銅器関連業の事業所数

|  | 問屋 | 鋳造 | 溶接 | 研磨 | 彫金 | 着色 | 仕上げ |
|---|---|---|---|---|---|---|---|
| 1985 年 | 135 | 164 | 12 | 49 | 45 | 76 | 22 |
| 1990 年 | 125 | 151 | 10 | 49 | 39 | 69 | 18 |
| 2002 年 | 80 | 98 | 8 | 39 | 27 | 58 | 14 |
| 2004 年 | 75 | 88 | 9 | 33 | 21 | 48 | 16 |
| 2006 年 | 77 | 83 | 8 | 30 | 24 | 52 | 17 |
| 2008 年 | 78 | 79 | 5 | 26 | 22 | 46 | 13 |

(出所) 高岡市産業振興部工業振興課『高岡特産産業のうごき』各年版より作成

を担う中小企業の社会的分業によって製造されている（竹内，1978）。これらの工程を管理しているのが、産地の問屋である。産地問屋は、商品の企画や消費地問屋や小売業者の窓口にもなっている。ただし、産地の銅器製品を幅広く扱っている問屋から、仏具、花器、茶道具といったように専門的な製品を中心に取り扱っている問屋もある。このような産地の要になっている産地問屋もほとんどが中小企業である。

近年、産地製品である銅器の生産・販売の低迷にともなって、産地の問屋をはじめ各工程を担っている専門加工業者の減少がつづいている。特に専門加工

第5章　国際化と国内地場産業産地の変容

業者では、後継者難による廃業も起こっていることから産地内の技術・技能の継承も危惧されている。

このように、高岡産地は生産額や事業所数の面で縮小傾向をたどっているが、産地の生産や流通の構造も変容しつつある。たとえば、鋳造業者が自ら製品を企画・製造して、産地問屋を介さずに販売していくことなどが試みられている。また、事例で取り上げるように、これまでの伝統的工芸品の生産で培ってきた技術・技能をもとにして、異業種に進出している企業もみられる。高岡産地では、産地問屋を要とした各専門業者の社会的分業の構造が変容するとともに、神仏具や花器といった伝統的工芸品産地としての特色も変容しつつあるといえよう。こうしたなかで、新たな活路を見出そうとしている企業の事例を紹介していくことにしたい。

③異業種に進出する産地企業

ここではまず、伝統工芸品の銅器づくりから、デザイン性を重視したインテリア製品を製造販売するようになったA社（従業員13名）を取り上げたい。同社は、1916年に創業以来、茶道具や花器などを製造してきた。しかし、1990年代に入り、海外製品によって市場を奪われていることに危機感を感じ

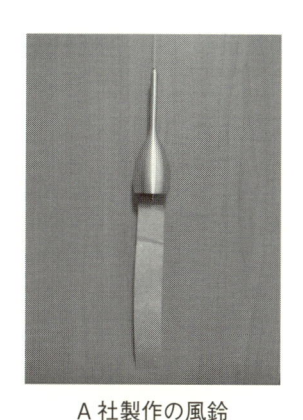

A社製作の風鈴
（出所）筆者撮影

高岡の伝統的工芸品
（出所）筆者撮影

125

とった経営者は、地元の高岡市デザイン・工芸センターが開催する素材やデザインなどの講習会に参加するようになった。

このような講習会をきっかけに、現代風の照明器具や風鈴などを試作し、展示会に出展していくことになった。やがて、これらの製品は、インテリア雑誌などにも取り上げられ、評価が高まっていった。同社は、従来の鋳造技術を基礎としつつも、斬新なデザインを取り入れることで、新製品を開発することに成功した。また、こうした新製品を開発することで、これまでの産地問屋を経由した販路だけではなく、直接、小売店や消費地問屋との取引も開始されることになった。

さらに、地場産業製品からまったく異なる分野へ展開した企業もある。1868年に創業したＢ社（従業者21名）は、1980年代半ばまでは他の産地企業と同様に神仏具や茶道具の鋳造加工を行っていた。しかし、同社は、銅や鉄の鋳造だけではやがてアジア諸国の企業と競合することになると考え、ニッケルやチタンの加工を始めることになった。

そこで、まず手掛けたのは、チタン製のゴルフクラブのヘッドであった。だが、ほどなくしてゴルフクラブの生産は、海外に移されていくことになった。その後、医療機器や各種機械部品の試作品などアジア諸国の企業と競合しない分野を求めていくことになった。そして、現在、同社は、金属の溶解技術を活かした金属のサンプル片づくりを行っている。これらの金属のサンプル片は、試作品や研究開発などに用いられるもので、企業や大学の実験室から注文を受けている。同社が、このような特殊な分野に進出した背景には、現社長が大学院で金属に関する研究をしていたことがあげられる。同社は、鋳造加工の技術を基礎としながらも、伝統的工芸品の鋳物づくりではなく、特殊な金属溶解技術によって経営を発展させていった。

以上のように、両社とも高岡産地で培われてきた鋳造技術を基礎としながらも、デザイン性を高めたり、鋳造技術を応用したりすることで、伝統的な銅器製品づくりから脱却していった。それにともない、従来の産地問屋とは異なる

ルートの販路も確立している。

両企業に共通する点としては、経営者が外部からの知識を得て製品開発や技術の革新に取組んでいることである。A社の経営者は、高岡市デザイン・工芸センターの講習会をきっかけとして、デザイナーと交流したり、展示会に出展することで産地外の問屋や小売業者と関係を築いていったりした。また、B社の経営者は、大学院で金属に関する知識を獲得するとともに、研究者のネットワークも活かしている。異業種の分野に進出するにあたり、こうした産地外の知識の獲得や人的ネットワークの構築が重要であったと考えられる。

### (3) 品質向上とブランド確立に取り組むタオル産地企業
#### ①タオル産地の変遷

国内には、大阪府泉佐野市（泉州地域）を中心とする地域と愛媛県今治市を中心とする地域にタオル産地が存在している[7]。これら2つの産地が国内のタオル生産をほぼ二分している。前者の泉州産地は、1887年に当地でタオル織機が開発されたことを起源とする国内タオル生産の発祥地である。一方、後者の発祥は1894年であり、綿ネル機械を改造してタオルを製造したことにはじまる。どちらの産地も、歴史をさかのぼると綿花の栽培などが行われていた地域でもあり、繊維とは関係の深い地域であった。

両産地で生産されるタオルは、それぞれ異なる特徴があり、ある程度、市場が棲み分けされていた。製法の説明は省略するが、泉州産地は、吸水性の高いタオルを製造してきた。そのため、同産地のタオルは、浴用に適するものとして使用されてきた。今治産地は、主に複雑な絵柄を織り込んだタオル製造を得意としてきた。これらは、贈答品としても用いられ、比較的高額でもある。

さて、両産地では、戦前から国内のみならず、アジアやアフリカ、中東に向けて製品が輸出されていた。戦後も輸出が再開されることになるが、1960年代に輸出のピークをむかえる[8]。その後、国内のタオル産地は、海外の市場をアジア諸国に奪われていくことになった。しかし、図表5-4に示すように、1990年はじめまでは、国内産地の生産量は増加している。ただし、見落とし

**【図表 5-4】 両産地の組合企業数・生産量と輸入量の推移**

|  | 今治の組合企業数 | 今治のタオル生産量(トン) | 大阪の組合企業数 | 大阪のタオル生産量(トン) | タオル輸出量(トン) | タオル輸入量(トン) |
|---|---|---|---|---|---|---|
| 1975年 | 494 | 28,814 | 666 | 28,396 | 613 | 4,216 |
| 1980年 | 473 | 37,660 | 679 | 36,586 | 293 | 8,513 |
| 1985年 | 431 | 47,583 | 554 | 37,487 | 646 | 7,716 |
| 1990年 | 381 | 48,710 | 442 | 40,731 | 264 | 16,675 |
| 1995年 | 280 | 40,333 | 286 | 30,772 | 134 | 39,528 |
| 2000年 | 218 | 27,309 | 200 | 18,614 | 430 | 58,918 |
| 2005年 | 156 | 13,643 | 141 | 11,491 | 131 | 79,612 |
| 2010年 | 125 | 9,851 | 101 | 8,845 | 106 | 77,316 |

(出所) 四国タオル工業組合資料、大阪タオル工業組合資料より作成

てはならない点は、輸入量も増加していることである。特に1990年代以降は、中国からのタオルの輸入が急拡大していった。また、1980年代末から1990年代にかけて、国内タオル産地企業や国内タオル問屋がアジア諸国に進出し、現地生産を行うようになっていった（村上, 2009）。

こうしたなかで、2001年には、国内のタオル産地が共同して政府にセーフガードの発動を要請した。しかし、その要請は受け入れられず、その後も輸入は増加の一途をたどった。その結果、国内のタオル需要の約80%は輸入品によってまかなわれる状態となっている。

② タオル産地の構造

国内のタオル産地では、織布をはじめ撚糸や染色、縫製、刺繍といった工程ごとに特化した専門加工業者による社会的分業が構築されている。こうした工程間分業のなかで、織布を担うタオルメーカーが、各工程の専門加工業者をとりまとめている[9]。タオルメーカーは、産地の窓口となって問屋から注文を受けている。しかし、近年、問屋を介さずに小売業者と取引するメーカーや、インターネット販売やアンテナショップを開設するメーカーも現れている。

次に、タオルの企画やデザインであるが、それらは、従来、問屋が主体となって行ってきた。タオルメーカーは、問屋の指示のもとに自社の設備や外注を活用しながらタオルを生産していた。しかし、企画やデザインについても、タオルメーカーが自ら手掛けていく動きや、小売チェーン店などが自社のオリジナル商品を開発する動きも拡がっている。

さらに、タオル産業にとって大きな影響を与えたのは、大手問屋が直接、海外に生産拠点をもうけたことである。それにより、国内産地のタオルメーカーは、受注機会を大幅に減少することにつながった。

このように、国内のタオル生産が縮小する過程で、産地の生産や流通の構造にも変容がもたらされている。そのなかで、特筆すべきことは、両産地は2006年にJAPANブランド育成支援事業に採択されたことである。次項では、主に今治産地の取組みについて取り上げていくことにしたい。

③品質向上とブランド確立の取組み事例

今治産地では、2006年のJAPANブランド育成支援事業をきっかけとして、「imabari towel Japan」を産地のブランドとして確立していくとともに、品質向上に努めている。

今治産地企業の多くは、先に述べたように、これまで複雑な絵柄を織り込むことを追求してきた。だが、同事業のアドバイザー役を務めた佐藤可士和氏からの示唆を受け、絵柄が織り込まれていない、いわゆる「白タオル」を開発することになった。佐藤氏は、絵柄やデザインではなく、タオル本来の機能である吸水性や肌触りを重視したタオルを開発することを提案したのである。今治産地では、「白タオル」を安モノのタオルとみなす傾向があったので、大きな発想の転換であったといえる。

さて、この「imabari towel」の認定をうけるには、吸水性などの品質要件を満たさなければならない。そのため、同事業に参画した企業は、糸の選定から染工、織布など各工程を見直し、品質向上に取組んでいくことになった。こうして、海外から輸入される安価なタオルと品質面での差別化を図っていっ

た。また、こうした取組みを東京などで積極的に宣伝することで「imabari towel」の認知度を高めていった。

　このような動きと連動する形で、産地内の各社が自社ブランドのタオルづくりをはじめている。産地の中堅メーカーから2000年に分離・独立したC社（従業員12名）は、自社ブランドのタオルを製造・販売している。同社は、タオルだけではなくベビー衣料品や雑貨品も手掛けるようになっている。同社のタオル生地を用いたベビー製品は、ニューヨーク・ホームテキスタイルショーでグランプリを獲得するなど、デザインや品質が高く評価されている。

　これらの製品は、社長をはじめ社内の企画担当者がコンセプトを決め、東京のデザイナーなどとの連携によって考案されている。製造については、タオルは分離・独立前の企業をはじめ市内の加工業者に外注している。また、販路は、一部は問屋を介さずに小売業と結びついている。一方、衣料品は、生地は同社が調達するが、加工は県外の業者に外注している。

　同社の企画・生産・流通構造を眺めると、企画やデザインは産地外のデザイナーとの連携がみられる。しかし、タオル生産については、従来の産地内の分

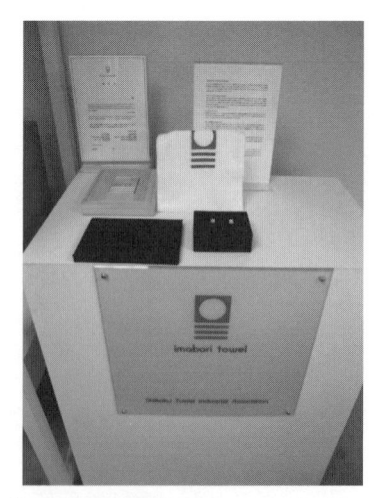

「imabari towel」のマークと白タオル
（出所）筆者撮影

業に依拠している。だが、衣料品は、産地に依存することなく生産されている。さらに、流通も従来の問屋のルートのみではなく、小売業との直接取引も行われている。

　これまでみてきたように、今治産地では、タオル業界はもちろん、地元の自治体や商工会議所などが一丸となって産地ブランドを確立していった。JAPANブランド育成支援事業は、こうした取組みの1つのきっかけになった。とくに吸水性や肌触りを重視した「白タオル」のコンセプトを産地に提示した、佐藤可士和氏の役割は重要であったといえよう。

　こうした産地ぐるみの取組みが推進されたのは、個々の産地企業が自社製品づくりや自社ブランドの確立を試みていたからだと考えられる。個々の産地企業の間でも、外部のデザイナーとの連携や国内外の展示会などに積極的に参加する動きがみられる。それにより、新たな販路開拓にもつながっている。このような産地や産地企業の取組みの背景には、セーフガードの発動を要望するほど、国内市場が奪われているといった危機意識が存在している。

## (4) 海外市場に乗り出す山中漆器産地企業

### ①山中産地の変遷

　最後に取り上げるのは、石川県加賀市（旧山中町）の山中漆器産地である。同産地で注目すべきことは、産地企業7社が「NUSSHA」というブランドを立ち上げ、ヨーロッパを中心に近代漆器製品を輸出していくことになったことである。

　山中産地は、1580年に大乗寺川上流の大日山西麓に漂泊の木地師が住み着いたことにはじまるとされている。その後、下流の山中温泉地との交流のなかで、杓子、椀、盆づくりの技術が伝播した。さらに、1600年代後半になると湯治客の求めで燭台や茶台、茶托、玩具などが作られるようになった。山中産地の形成は、当地周辺に良質の木材が自生していたことと、市場となる温泉地が結びついたことによるものと考えられる[10]。

**【図表5-5】　山中漆器産地の事業所数と生産額**

| | 事業所数計 | 製造卸 | 木地 | 塗装 | 下地 | 蒔絵 | 成型 | 製函 | 上塗 | 拭漆 | 生産額（億円） |
|---|---|---|---|---|---|---|---|---|---|---|---|
| 1960年 | — | — | — | — | — | — | — | — | — | — | 11 |
| 1968年 | 524 | 96 | 76 | 156 | 53 | 120 | 18 | 5 | — | — | 45 |
| 1971年 | 616 | 125 | 52 | 182 | 48 | 157 | 27 | 25 | — | — | 60 |
| 1975年 | — | — | — | — | — | — | — | — | — | — | 200 |
| 1981年 | — | — | — | — | — | — | — | — | — | — | 300 |
| 1985年 | — | — | — | — | — | — | — | — | — | — | 360 |
| 1988年 | 678 | 131 | 67 | 156 | 47 | 179 | 30 | 22 | 46 | — | 450 |
| 1990年 | 723 | — | — | — | — | — | — | — | — | — | 370 |
| 1994年 | 635 | 125 | 58 | 150 | 33 | 187 | 27 | 14 | 41 | — | 330 |
| 2000年 | 540 | 110 | 52 | 152 | 20 | 137 | 25 | 14 | 30 | — | 220 |
| 2005年 | 413 | 99 | 36 | 107 | 16 | 94 | 23 | 8 | 21 | 9 | 125 |
| 2008年 | 352 | 87 | 34 | 86 | 13 | 75 | 22 | 8 | 19 | 8 | 115 |
| 2010年 | 333 | — | — | — | — | — | — | — | — | — | 102 |

（出所）山中漆器連合協同組合資料より作成

　ただし、温泉地を訪れた湯治客だけではなく、1789年には近江や京都、大阪などに行商で販路を築き、1870年には大阪の業者を利用して海外輸出が開始されたという記録も残っている（宮川，2003）。さらに時代がくだり、戦後も山中漆器は輸出が続けられる。1964年には日本輸出雑貨センター山中出張所が山中漆器研究所内に設置され輸出検査体制が強化されたり、1970年には山中漆器輸出振興会が設立され国際見本市などに出展したりしている（宮川，2003）。

　このように輸出が促進された理由の1つとしては、山中産地では1950年代後半から1960年代にかけて木製漆器から合成樹脂素材の近代漆器に転換したことがあげられる。これにより、量産体制が確立されていった。しかし、山中漆器の輸出は、1980年をピークに減少に転じていくことになる。反対に、台湾や中国、アセアン諸国からの輸入が増加していくことになった。海外からの

漆器製品の輸入圧力にくわえ、1990年代以降は国内景気の低迷もあり、図表5-5が示すように産地の生産額が減少に転じている。また、事業所数も減少していくことになった。

②山中産地の構造

山中産地の生産・流通構造は、社会的分業体制となっている。山中産地で主流となっている近代漆器を例にすると、原粉→成型→研磨→吹付塗装→蒔絵という生産工程を経て製品化される[11]。それぞれの工程は、独立した専門加工業者が担っているが、それらを製造卸（産地問屋）がとりまとめている。また、製造卸は、産地外の消費地問屋や小売業者との窓口の役割を担っている。かつては、貿易商社ともつながりを持っていた。製造卸は、消費地問屋や小売業者からの要望を踏まえて、製品の企画やデザインを決定していく。

ちなみに、伝統的な木製漆器は、木地の乾燥や漆の乾燥に時間を要し、完成までに数カ月かかるため大量生産は困難である。また、伝統的な木製漆器においても、各工程の加工業者をまとめるのは製造卸となっている。木製漆器は、近代漆器と比較すると職人の手作業に依拠する工程が多いが、産地の職人の高齢化が問題となっている。市場が縮小しているだけではなく、職人の後継者難も産地縮小の要因となっている。

③海外市場に乗り出した産地企業の取組み事例

国内産地企業の多くが海外の市場で競争力を失っているなかで、山中産地企業のグループ「NUSSHA」は海外市場に挑戦している[12]。NUSSHAの設立のきっかけになったのは、JAPANブランド育成支援事業である。この事業を立ち上げるにあたり、商工会の呼びかけに当初は10数社が応じていた。しかし、外部デザイナーとして契約したイタリア在住の日本人デザイナー富田一彦氏がこれらの企業を訪問し、最終的に7社でスタートすることになった[13]。

NUSSHAに参画したD社の社長によると、富田氏は、山中産地企業の現場に何度も足をはこんだので、産地のものづくりを理解したうえでデザインを考

案していたという。また、反対に、産地企業もできること、できないことを明確にしたうえで、富田氏の求めるものを作っていったと述べている。

　その結果、これまでの産地では製造されてこなかったような、カラフルな色彩と斬新な形状のテーブルウェアやステーショナリーが開発された。日本の漆器という概念ではなく、欧米の消費者が使用したくなるような製品を生みだしていった。これらの製品は、欧州最大のインテリア展示会であるメゾン エ オブジェで賞を受賞したこともあり、大英博物館やニューヨーク近代美術館のミュージアムショップでも販売されることになり注目を集めることになった。こうしたこともあり、海外14カ国でNUSSHAの製品が販売されることになった。

　現在、NUSSHAの活動はひと段落ついたところで、今後の方向を模索しているところである。ただし、NUSSHAの取組みは、産地企業が海外に販路を求めるうえで示唆に富む事例である。その要点を整理すると、まず、海外の市場に詳しいデザイナーを採用したことである。日本的な製品を海外展示会に出展するだけであれば国内のデザイナーでもよいが、実際に海外市場で製品を売っていくためには、現地の消費者の嗜好を熟知したデザイナーである必要があったといえる。しかも、D社の社長が述べているように、産地のものづくりを理解したうえで、デザインを考案したということも成功のポイントとなったと考えられる。NUSSHAの製品は、デザイナーと生産者の間での意思疎通ができていたからこそ、市場で受け入れられるものになったといえる。

　さらに、海外の展示会で賞を受賞して注目を集めることになったが、それだけではなく、現地のディストリビューターを利用して販路を開拓したことも見逃せない。このディストリビューターも山中産地を訪れて、製品の選定や価格の決定の議論をしたようである。このような売り手を確保したことも海外展開の重要な鍵となったといえよう。

## 4. おわりに―国内産地企業の挑戦と産地の変容

　国内産地は、輸出を契機として成長・拡大してきたところが少なくない。しかし、1970年代以降のたび重なる円高は、国内産地企業の輸出競争力を低下させた。さらに、中国をはじめとしたアジア諸国の企業の台頭により、多くの国内産地企業は、内需転換を余儀なくされた。80年代末から90年代はじめの「バブル経済」期には、好景気に支えられ内需転換をとげる産地企業もみられた。だが、その後の景気の低迷やアジア諸国からのさらなる輸入の増加により、国内市場の維持についても困難な状況に直面している。このように、国内の産地や産地企業は、国際化に翻弄されながらも新たな活路を見出すことが求められている。

　その方向性としては、第1には、高岡産地でみられたように、従来の産地で培われた技術や技能を活かしながら、新たな製品を開発したり、新たな事業に着手したりすることだろう。とくに伝統的工芸品の分野のように、今後、需要そのものが先細りになる可能性が高い産地では、異業種への転換がいっそう重要であると考えられる。

　第2には、今治産地で取り組まれているような、高品質に裏打ちされたブランド化である。安価な海外製品が流れ込んでくるなかで、それらと差別化を図るために産地としてのブランドや個々の企業がブランドを確立することが求められる。もちろん、ただブランドとしての知名度を高めるだけではなく、消費者が納得する品質を提供する必要がある。今治産地では、産地としての取組みと、個別企業の取組みが連動して効果をあげつつある。

　第3には、山中産地のNUSSHAが実施したような海外市場への展開である。デザインや価格を含めて、現地で受け入れられる製品を開発して輸出されていた。製品開発には、現地に詳しいデザイナーを採用していたことも注目すべき点である。また、販売にあたっても現地のディストリビューターを活用するなど、現地の人材との連携がとられていたといえよう。

以上のように、ここで取り上げた産地の事例からは、3つの方向が示された。改めて、需要や供給面の視点から整理すると、高岡産地の企業は、伝統的工芸品の国内需要が縮小傾向にあったのにも関らず海外に市場を求めることが困難であった。そのため、伝統的工芸品から異業種への進出が強く求められたといえよう。今治産地の企業は、海外からの安価な輸入品との差別化を図るために、品質の向上とブランド化を目指した。そして、山中産地のNUSSHAも国内需要の低迷や安価な輸入品への対応として、国内市場ではなく海外市場に挑戦していったことが注目すべきところである。もちろん、こうした取組み以外にも産地企業が活路を見出す余地はあろう。

　また、少し視点を変えてここで取り上げた事例の共通点をあげると、産地外の人材との交流が起こっていることである。産地外のデザイナーやディストリビューターとの連携であったり、経営者が自ら大学院で学んでいたりするなど、形態は異なるものの産地外からもたらされる知識や経験が活かされている。一方で、異業種に展開した事例を含め、産地内で蓄積されてきた技術や技能を活用していることも見逃せない。その点では、産地とはまったく関係のないところでは起こり得なかった企業の展開である。

　最後に産地自体について言及すると、異業種展開する企業が少なくない高岡産地は、伝統的工芸品の産地としての色彩は薄くなっている。鋳造技術を中心とした金属加工の産地に近づいていくと予想される。

　今治産地では、これまで問屋のもとでタオルを加工していた企業にも自社ブランド製品を手掛ける動きがみられる。こうした点では、従来の問屋の影響は薄くなっているといえる。このような動きと呼応して、自らの商品企画力を高めている企業が目立つようになっている。

　山中産地については、NUSSHAの事例のみに焦点を当てることになるが、この取組みでは、イタリアで企画し、山中産地で生産し、海外で販売するといった国際的な分業がなされている。これまでの国内産地にみられたように、国内で企画し、海外（アジア諸国）で生産し、現地や国内で販売するといった分業とは異なる形態である。

このように、産地そのものが国際化の影響のもとで生産や流通の構造を変容させている。

[注]
1. 「地場産業」に関する統一的な定義は存在しないが、中小企業庁編（1985）では「主として地元の資本による中小企業群が、一定の地域に集積して、技術、労働力、原材料、技能などの経営資源を活用し、生産・販売活動をしているもの」としている。この定義には、時間的な規定が含まれていないが、産業が形成されてからの歳月を考慮する研究者は少なくない。地場産業の研究者である山崎（1977）は、地場産業の特性を以下の5つにまとめている。①特定の地域に起こった時期が古く、伝統のある産地であること。②特定の地域に同一業種の中小零細企業が地域的企業集団を形成していること。③生産、販売構造が社会的分業体制となっている。④ほかの地域ではあまり産出しない、その地域独自の「特産品」を生産していること。⑤市場を広く全国や海外に求めて製品を販売していること。ただし、このうち、1つか2つの定義にあてはまらなくても、それに近い特性があれば地場産業とすると指摘している。本論では、山崎の地場産業の定義に依拠して議論を進めることにしたい。
2. 「伝統的工芸品」につては、「伝統的工芸品産業の振興に関する法律」（1974年制定）に基づき、①主として日常生活の中で使われているものであること。②主要部分が手作りであること。③伝統的な技術又は技法が守られていること。④伝統的に使用されてきた天然の原材料が用いられていること。⑤産地が形成されていることを定義としている。なお、伝統的とは、およそ100年以上の継続を意味する。現在、織物や漆器、陶磁器、木工品、金工品、仏壇・仏具、和紙、文具、人形など全国の211品目が指定されている。なお、「伝統的工芸品」や「伝統工芸」、「地場産業」に関する定義については、井上（2004）が詳しい。
3. 産地企業の分布や産業の発生について、板倉（1966）、板倉・井出・竹内（1970）らによって経済地理学の研究者によって先駆的に行われた。中小企業論の研究としては、「地方の時代」といった議論を背景として、杉岡編著（1973）、清成（1975）らによって地場産業が取り上げられた。また、佐藤編著（1981）や中山（1983）らは、小零細企業の存立研究の観点から地場産業に言及している。
4. 産業集積の議論は、Marshall（1890）の産業の地域的集中による間接効果である「外部経済」の議論に遡る。近年、Saxenian（1994）のシリコンバレーとボストンR128のIT産業の比較研究などを通して注目されることになった。産業集積を視野に入れた研究としては、関・福田（1998）、渡辺（1997）（2007）があげられる。ただし、関や渡辺は、地場産業を中心に論じているのではなく、主に機械工業を対象としている。さらに、伊藤・土屋編著（2009）は、産地集積などを含む地域

中小企業の革新を Porter (1998) の産業クラスター論を援用し分析している。
5. 中小企業庁の委託調査である『全国の産地―平成 17 年度産地概況調査結果―』では、年間生産額がおおむね 5 億円以上の産地を対象としているが、同年度の調査では 578 産地が対象となっている。
6. 同調査によると、産地全体の年間総生産額は 6 兆 7,872 億円、輸出額は 2,661 億円となっている。ちなみに、中小企業庁の『産地実態調査報告書：昭和 45 年度』によると、産地の輸出依存度は 18.7% となっている。
7. 国内のタオル産地の歴史については、大阪タオル工業 100 年記念史編纂委員会 (1986) や今治近代産業史顕彰委員会 (2001) を参照。
8. 日本のタオル輸出量は、1960 年に 3,058 トンに達し、その後、増減を繰り返すが 1968 年に 3,126 トンをピークに減少に転じていくことになる。大阪タオル工業 100 年記念史編纂委員会 (1986) を参照。
9. 今治のタオル産地の専門加工業者については、村上 (2000) によって紹介されている。
10. 山中産地の発祥については、山中町史編纂委員会編 (1995) が詳しい。
11. 山中漆器産地の社会的分業構造については、山崎 (1974) が詳しい。
12. NUSSHA の取組みについては、植原 (2009) が詳しい。
13. 筆者は、NUSSHA に参加する 3 社の経営者および事務局長のインタビュー調査を行った。D 社（従業員 23 名）、E 社（従業員 30 名）、F 社（従業員 5 名）と産地の小規模から中堅の製造卸が参画している。

[参考文献]
井上秀次郎 (2004) 『地域経済活性化のための地場産業研究』唯学書房
板倉勝高 (1966) 『日本工業地域の形成』大明堂
板倉勝高・井出策夫・竹内淳彦 (1970) 『東京の地場産業』大明堂
伊藤正昭・土屋勉男編著 (2009) 『地域産業・クラスターと革新的中小企業群』学文社
今治近代産業史顕彰委員会 (2001) 『近代産業の構造と変遷　商工都市　いまばりの夜明け』今治近代産業史顕彰委員会
植原行洋 (2009)「山中漆器連合協同組合の和モダン・ホームウェア『NUSSHA』」長沢伸也編著『地場・伝統産業のプレミアムブランド戦略』同友館
大阪タオル工業 100 年記念史編纂委員会 (1986) 『大阪タオル工業史』大阪タオル工業 100 年記念史編纂委員会
清成忠男 (1971)「地場産業―輸出特化からの脱皮」『経済評論』20 巻 14 号、1971 年 12 月号
清成忠男 (1975) 『地域の変革と中小企業』日本経済評論社

佐藤芳雄編著（1981）『巨大都市の零細工業』日本経済評論社
下平尾勲（1996）『地場産業』新評論
杉岡碩夫編著（1973）『中小企業と地域主義』日本評論社
関満博・福田順子編著（1998）『変貌する地場産業』新評論
竹内伸一（1978）「銅器のまち　高岡」板倉勝高編『地場産業の町　下』古今書院
中小企業庁編（1985）『中小企業白書　昭和60年版』大蔵省印刷局
遠山恭司（2004）「構造的縮小過程の高岡銅器産地」『中小企業と組合』714号
中山金治（1983）『中小企業近代化の理論と政策』千倉書房
西村蕚夫（1988）「経済の成熟化と円高への輸出地場産業の対応」『日本経済政策学会年報XXXVI』No. 36
宮川泰夫（2003）「山中漆器産地の革新機構」『比較社会文化』第9巻
村上克美（2009）「今治タオルのグローバル化と自立化」『松山大学論集』第20巻第2号
山崎充（1974）「山中漆器産地の変遷」『地域開発』116号
山崎充（1977）『日本の地場産業』ダイヤモンド社
山中町史編纂委員会編（1995）『山中町史』山中町史編纂委員会
渡辺幸男（1997）『日本機械工業の社会的分業構造』有斐閣
渡辺幸男編著（2007）『日本と東アジアの産業集積研究』同友館
Marshall, A（1890）*Principle of Economics*, London : The Macmillan Press.（馬場啓之助訳『経済学原理』東洋経済新報社、1965年）
Porter, M. E.（1998）*On Competition* : Harvard Business School Publishing.（竹内弘高訳『競争戦略論』ダイヤモンド社、1999年）
Saxenian, A（1994）*Regional Advantage* : Harvard University Press.（大前研一訳『現代の二都物語』講談社、1995年）

第6章

# 国際化と国内機械産業集積地の変容

額田　春華

## 1. はじめに

　中小企業を「地域」と「国際化」の2つのキーワードとの関わりで論じようとすると次の2つの論点に直面する。第1は、中小企業と取引関係を持ってきた大企業が国際展開を進めたことに対して、地域の中小企業がいかにリアクションをとったのかという論点である。第2は、地域の中に自らが国際化戦略を展開する中小企業が増えたことが地域経済にどのような影響を与えたのかという論点である。本章では、上記2つの論点について国内の機械産業集積地の中から、長野県諏訪圏域と東京都大田区を事例として取り上げて、考えていくことにしたい。

（1）国内機械産業集積地の中での位置づけ
　最初に、諏訪圏域と大田区が従来の文献の中でどのように位置づけられているのかを確認しよう。たとえば中小企業論のテキストの1つ、髙田・上野・村社・前田（2009, chap. 8）は、橋本（1997）を参照しつつ、産業集積を生産と分業のシステムの違いに着目し以下のように類型化している。

　（a）大企業中心型産業集積　（または、企業城下町型産業集積）
　　①生産工程統合型の大企業に他が依存するタイプ
　　②大企業を中小企業が補完するタイプ
　（b）中小企業中心型産業集積
　　①産地型
　　②大都市立地ネットワーク型

　上記テキストでは、諏訪圏域と大田区は、(b)-②に分類されている。この類型の特徴としては、「大企業のみならず中堅・中小企業を含め多数の完成品メーカーが立地していること」、「集積外からも特殊な加工設備を必要とする、

特殊な加工技術を必要とする、あるいは急ぎの加工注文が持ち込まれること」「基盤的加工を担う多様な中小零細な機械金属加工業者が多数立地しており、ネットワークを形成するなどによって応えていること」が挙げられる（髙田・上野・村社・前田，2009，chap. 8）。

このような文献を学習する際に留意すべき点は、ある一時点において特定地域がどの類型に属するかを位置づけることは、対象地域を理解するための出発点を提供するにすぎないということである。対象地域の過去・現在・未来の時間軸の流れの上で変化の方向性をとらえていくことがより大切である。たとえば、量産に強みを持ってきた諏訪圏域では、大企業が生産拠点を海外に移転し始めた環境変化を受け、従来の「(a)-①：特定の大企業を中小企業が補完する大企業中心型的な集積」から別のタイプの集積への変容が1990年代に入ってから本格的に進んできた。一方の大田区は、東大阪市（大阪府）と並んで「(b)-②：大都市ネットワーク型の中小企業中心の産業集積」のモデル的地域として注目を集めてきたが、1980年代前半において既に(b)-②の特徴を確立していた。

(2) 章の構成

2つの地域は、日本産業の国際化が進展する中で、どのように変容を進めつつあるのか。この問いに対して、本章では第2節で諏訪圏域の変容について、第3節で大田区の変容について説明する。この2つの節では、大企業の海外展開や国内外他地域との競争激化がいかに進んだのか、それに対して地域の中小企業がいかにリアクションしたのか、さらにそれが地域経済にどのような影響を与えたのかについて考えていく。第4節では、両地域の変容を、特に地域の社会的分業構造の変化に着目して比較検討する。第5節では本章の内容をまとめる。

## 2. 諏訪圏域の変容

長野県八ヶ岳山麓の清浄な空気と美しい風景に抱かれた諏訪圏域には、約

【図表 6-1】 諏訪圏域の地理

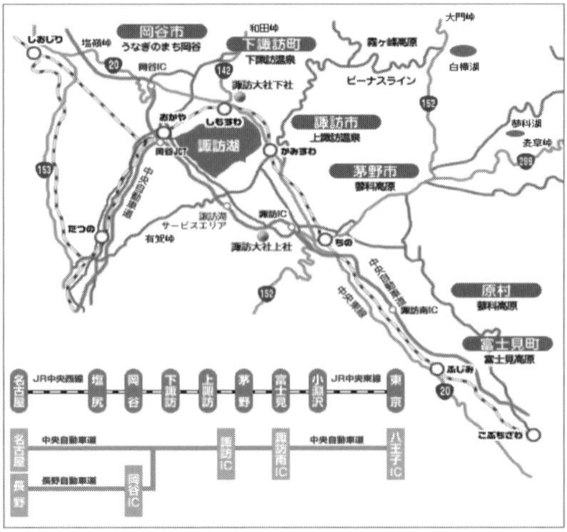

（出所）http://www.suwakanren.jp/sub05/index.html
（2011.6.1 時点）

2,000 社の製造業企業が集積する。諏訪圏域とは、岡谷市・諏訪市・茅野市・下諏訪町・富士見町・原村の 3 市 2 町 1 村が含まれる一帯を指す（図表 6-1 参照）。現地で「諏訪のたいら」と呼ばれる一帯に該当し、7 年ごとの御柱（おんばしら）の大祭で有名な地域でもある。

## (1) 精密機械産業のメッカとしての発展

諏訪圏域は高度成長期時代、精密機械産業の産業集積地として発展し、「東洋のスイス」とも呼ばれた。地域の社会的分業構造の頂点には、諏訪精工舎（現在のセイコーエプソン）、三協精機（現在の日本電産サンキョー）、ヤシカ（京セラにより吸収合併）、チノン（コダックの子会社により吸収合併）などの精密機械産業の大企業が君臨していた。これらの大企業が世界の市場と諏訪地域中小企業を結びつける窓口の役割を果たし、諏訪製の時計やオルゴール、カメラが、欧米を中心に世界の市場へ輸出されていた。これらの製品は、多様な細かい部品の量産を必要とする点で共通し、大企業のもとに多数の 1 次、2

次、3次の中小サプライヤーが関わる多層的なピラミッド型の下請分業構造が形成されていた。高度経済成長期時代の諏訪圏域における大手企業と中小サプライヤーとの関係は1社のみに専属という排他性が非常に強い下請関係ではなかったが、特定の大企業への売上げ比率がかなり高い関係が形成されており（山本・松橋，1999）、当時の諏訪圏域は「(a)-①：特定の大企業を中小企業が補完する大企業中心型」的な色彩の濃い産業集積であった[1]。

## (2) 大企業の海外への生産能力移転

諏訪地域の中小企業は、少数の大企業を中小企業が補完するタイプの集積であったにも関わらず、非常に早い時期から親企業の海外生産能力の移転を経験する。まず、セイコーエプソンが1968年、シンガポールに初の海外生産拠点を設置した。1970年代に入ると、三協精機やチノンなども海外生産を開始した。この時期、時計やカメラが機械式からエレクトロニクス式に切り替わったことも加わり、地域の中小企業への機械加工部品の発注が大幅に減少した。このように、1985年のプラザ合意後の円の急騰が起きるかなり前の時期から、諏訪圏域の中小企業は地元の特定大企業に依存した経営を行うことの限界を知る機会を得ていた。

プラザ合意以後は、地域の大手メーカーの海外への生産拠点移転が加速しただけでなく、中小企業自身の「市場の国際化」「生産の国際化」も一部始まる。そしてバブル経済崩壊後のさらなる円高を経験して、地域の大手メーカーの海外への生産拠点移転が加速した。さらには競争の激化の中で、一部の大手企業は自らも存立が難しくなり、廃業したり他地域や海外の企業へ吸収されたりするものも現れた。このような変化の中で、地域の中小企業が少数の大企業に依存する従来の社会的分業構造は維持困難になった。

## (3) コア企業の成長と新しい産業構造の出現

諏訪圏域では従来の大企業が地域へ需要を搬入する役割を十分に果たさなくなった一方で、これら大企業のサプライヤーだった中小企業の中から、自ら域

外に打って出て域外需要を搬入してくる「コア企業」層が多数成長した。ここで「コア企業」とは、環境変化の中で、広域からの需要を直接獲得し、域内外のさまざまな諸技術と自社の技術を結び付け、顧客に価値を提供するまでの一連の仕事の流れをまとめる中核的役割を新たに担うようになった企業のことを指す（額田・岸本・首藤，2009；粂野・首藤，2010）。

「コア企業」の躍進とそこから生み出される需要の波及効果の結果として、諏訪圏域は、地域全体の出荷額と利益率の双方を1990年代以降も変わらず維持し続けるという優れた成果を残した（岸本，2010）。

諏訪圏域の出荷額と利益率の維持は、ドラスティックな産業構造の変化を伴いながら達成されたものだった。図表6-2を見ると、1970年に30%前半だった精密機械産業のシェアは1978年に50%近くへ達した後、急激に低下し続け、1995年には8%にまで落ち込む。その一方で、電気機械産業のシェアが急激に伸びていく。1970年代に10%から15%程度であった電気機械のシェアは、1980年代以降急上昇し、1995年には43%に達し、その後も40%強で維持されている（岸本，2010）。

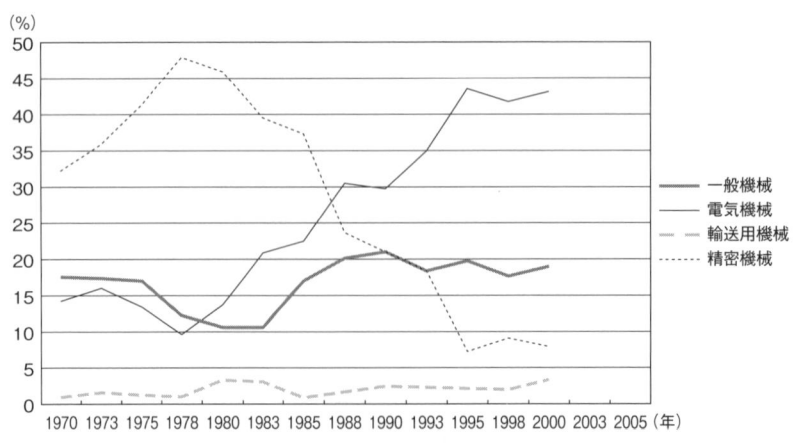

【図表6-2】　諏訪圏域の機械系4産業の出荷額シェアの推移

(注) 2003年以降のデータについては、データの制約上の理由で、入手することができなかった。
(出所)「工業統計表『産業編』」（全数調査）を利用した岸本（2010）より引用

一方、図表6-3は2009年9月から2010年1月にかけて諏訪圏域の企業や支援機関などにインタビュー調査を実施した調査結果の中から、コア企業に該当する企業のみを抜き出し、その基本的特性を表にしたものである。コア企業の多くは、かつて時計、オルゴール、カメラ、双眼鏡などの精密機器産業の大企業のサプライヤーであった。しかし環境変化へリアクションした結果として、半導体製造装置、液晶製造装置、太陽電池、情報通信機器、輸送用機器、医療機器などの産業に属する製品・部品を製造する企業へと変化している。諏訪圏域は精密機械産業中心の産業構造から、エレクトロニクス産業を中心としその他多様な産業を併せ持つ産業構造へとドラスティックな変化を成し遂げたのである。

**【図表6-3】 諏訪地域コア企業の分類整理**

| 企業名 | 従業者数〈2009年時点〉 | 製造物の変化 | 域内需要だけでなく、域外需要も獲得に成功しているか |
|---|---|---|---|
| 【(ア) & (A)：多品種少量の領域に特化した生産財企業として成長】 ||||
| 松一 | 10名 | 〈従来〉時計の量産部品の製造<br>〈2009年時点〉研究開発部品、自動車関連の特殊部品などの製造 | ○（国内他地域） |
| AP社 | 10名 | 〈2000年代に入ってからの創業〉<br>〈2009年時点〉医療関連部品、純水装置関連部品、真空装置関連部品、液晶製造装置部品の精密板金加工 | ○（国内他地域） |
| 牛越製作所 | 25名 | 〈従来〉時計の金型・治具部品の製造<br>〈2009年時点〉半導体検査装置治具・部品、液晶製造装置部品、その他試作・研究部品、各種治具の製造 | ○（国内他地域） |
| EG社 | 180名 | 〈従来〉戦中に東京から疎開後、切削関係の工作機械の開発・製造＋域内大手企業の部品製造<br>〈2009年時点〉切削関係の工作機械の開発・製造専業 | ○（国内他地域、海外） |
| HP社 | 109名 | 〈従来〉職人の手作業による試作品・単品モノの板金加工（新幹線用特殊時計の筐体、プリンター試作）<br>〈2009年時点〉半導体製造装置、発電装置、燃料電池、交通管理システム等の部品またはユニットの多品種変量製造、1個流し洗浄機等の開発・製造 | ○（国内他地域、海外） |
| マルゴ工業 | 55名 | 〈従来〉時計部品の切削加工<br>〈2009年時点〉FA関連各種自動機・半導体製造装置・半導体検査装置の開発製造、治工具部品加工 | ○（国内他地域、海外） |

| | | | |
|---|---|---|---|
| エーシング | 10名 | 〈2000年代に入ってからの創業〉<br>〈2009年時点〉液晶検査装置の開発製造 | ○（国内他地域、海外） |
| 野村ユニソン | 374名 | 〈従来〉バルブやガスコンロ部品のダイカスト<br>〈2009年時点〉液晶・太陽電池をはじめとする各種製造装置の設計・販売、ガスコンロ・バルブなどのダイカストまたは鍛造部品の製造、洋酒・ワインの輸入販売 | ○（国内他地域、海外） |

【（ア）＆（B）：多品種少量の領域に特化した消費財企業として成長】

| | | | |
|---|---|---|---|
| ライト光機製作所 | 130名 | 〈従来〉中級品から高級品セグメントのライフルスコープと双眼鏡の製造<br>〈2009年時点〉高級品・超高級品セグメントのライフルスコープ・双眼鏡の開発・製造 | ○（国内他地域、海外） |

【（イ）＆（A）：社内に量産を維持しつつ、不確実性・多様性の大きな要素へ重点をシフトし生産財企業として成長】

| | | | |
|---|---|---|---|
| 協和精工 | 6名 | 〈従来〉カメラ等の量産部品切削加工<br>〈2009年時点〉特殊な蛍光灯関係部品、特殊な消防関係部品、特殊なコンデンサーの治具部品の開発製造。特殊通信機、切削油、爪磨き、食用油遠心分離機等の研究・試作。なお量産過程については域外の特別な協力企業へすべて委託。 | ○（国内他地域） |
| SD社 | 125名 | 〈従来〉カメラ部品、テープレコーダー部品等のプレス加工<br>〈2009年時点〉情報機器部品、自動車関連部品、電子部品、光学機器関連部品の開発製造 | ○（国内他地域、海外） |
| MSグループ | 500名 | 〈従来〉時計のメカ部品および電子部品の製造<br>〈2009年時点〉メカ部品（携帯電話部品、時計部品）の開発製造、電子デバイス部品（液晶、半導体）の製造、人工心臓の開発製造 | ○（国内他地域、海外） |
| SE社 | 21名 | 〈従来〉オルゴール部品やカメラ部品などの量産部品の切削加工<br>〈2009年時点〉携帯電話部品、デジカメ部品、ノートパソコン部品、半導体実装装置部品の特殊な切削加工、及びそれに伴う量産試作 | ○（国内他地域、海外） |
| 高橋製作所 | 43名 | 〈従来〉カメラやオルゴール部品をつくっていた域内企業に勤めていた先代社長が1960年代に圧力計内機の開発製造企業として創業<br>〈2009年時点〉圧力計内機に加え、地震センサーの開発・製造、自動車部品などの切削加工 | ○（国内他地域、海外） |

【（イ）＆（B）：社内に量産を維持しつつ、不確実性・多様性の大きな要素へ重点をシフトし消費財企業として成長】

該当するヒアリング先なし

（注）複数の異なるカテゴリーに該当する事業部門を持つ企業の場合、最も売上の大きいい事業部門に着目して分類を行っている。
（出所）額田（2011）から若干修正の上引用

### (4) 事業のあり方が「転換」するとはどういうことか

地域産業の産業構造変容の背後には、「コア企業」の事業のあり方の「転換」がある。事業のあり方の長期的な基本設計図である戦略を「転換」するということは、一般的には次の3つの要素に関係する（伊丹，2003）。

(a) 製品・市場ポートフォリオ
何をどの市場やセグメントの顧客のためにつくるのか
(b) 経営資源ポートフォリオ
仕事の達成のためにどのような能力と特性を持つのか
(c) 業務活動分野
事業システム（＝顧客を起点としてそこに届けるまでに必要になるさまざまな機能の間の分業と調整のパターン）をいかに組むのか

諏訪圏域の中小企業は、従来の大企業が域内に搬入する需要の量と質を変化させたのに反応しながら、(a) 製品・市場ポートフォリオを組み替えていった。事業のあり方の転換は、(a)(b)(c) 3つをすべて変えることが必ず必要なわけではないが、1つの要素が変化すると、戦略的適合が維持されるためには、他の要素の転換もしばしば連動して起きる。

中小企業の国際化戦略の中の「市場の国際化」は、国内市場に加えて、海外市場も開拓するという (a) 製品・市場ポートフォリオの転換の一例である。一方、中小企業の「生産の国際化」は、国内・海外の技術蓄積パターンや人材育成・採用のあり方、工場の立地パターンといった (b) 経営資源ポートフォリオに関する転換を促し、ひいては国境を越えて分散する異なる機能の間の分業と調整のパターンといった (c) 業務活動分野に関する転換を促すことになる。

本節では、コア企業が環境変化に対してとったリアクションがどのような「転換」を生じさせたのか、そしてその「転換」に国際化がどのように関わったのかについて整理していく。

## (5) 製品・市場ポートフォリオの転換とその波及

　先述の図表6-3に示すように、諏訪圏域のコア企業は、自社の製造物を、時計、オルゴール、双眼鏡などの部品加工の下請け仕事から、独自の差別化できる特徴を持った産業用機械や特殊部品・高機能部品を多様な産業向けに提供する仕事へと変化させてきた。この変化のプロセスで、製品・市場ポートフォリオに次の2点の転換が起きている。第1に、製造物を提供する顧客の数が増え、産業のバラエティが大きくなった。先述の通り半導体製造装置、液晶製造装置、光学機器、事務機器、携帯電話、太陽電池、自動車関連、医療機器など、コア企業が展開した産業の業種は幅広い。

　第2に、顧客の立地が、国内他地域、さらには海外へと広がっていった。先の図表6-3の最右列を見ると、コア企業の中には国内域外市場にとどまらず、海外市場での新顧客獲得に成功している企業も数多く含まれることが読み取れる。

　大企業の海外展開からの影響を早くから受けていた諏訪地域は、1970年代という早い時期から、一部の中小企業において、従来の事業のあり方の見直しがなされた。早い時期から製品・市場ポートフォリオの転換に取り組んだ企業は、新しい製品分野の顧客をまずは国内他地域にて開拓することに挑戦し、その後さらに海外市場開拓へ展開する2ステップを踏んで市場の国際化を進めた。次に紹介するSE社は、このような先駆的に新市場開拓に取り組み始めた企業の一つである。

〔事例：SE社の転換〕
　SE社は、かつてはオルゴール部品や8ミリカメラ部品などの量産部品の切削加工を行っていたが、現在では携帯電話、デジタルカメラ、ノートパソコン、半導体実装装置などの多様な製品向けに特殊加工を必要とする量産部品を加工したり、量産試作の過程をサポートしたりする企業へと変化した。高度経済成長期には域内のある親企業との取引が売上の大半を占めた企業である。しかし1970年代後半に最初の国内域外顧客と取引を開始し、1980年代後半から

は海外顧客への輸出も開始した。従業員数は20名程度の企業であるが、2000年代末の段階で海外を含め数十社の顧客との取引を行っている。

SE社の最初の転機は、1970年代前半に起きた。最大の得意先が輸出先の米国経済の景気低迷の影響を受け、8ミリカメラとテープレコーダーを製造していた諏訪工場を相次ぎ閉鎖したことの影響を受け、売上が激減したのである。この危機の中でSE社社長は「1社依存をやめよう」と決意する。SE社長は当時を振り返り次のように語っている。

「今までは1社依存の下請けで。まあ言ってみれば、親企業のインターフェイスに頼っていたんですけど、親企業が事業を止めちゃったんで。これからお客さんと対等に話をしていくには、やっぱり依存する比率というのを低くしないといけない。できるだけ多くのいろんな分野の会社とつきあいたいとういうことで、ここからすごく営業活動に取り組み始めました。」[2]

図表6-4は、SE社の事業のあり方の変遷をまとめたものである。1970年代後半の危機を経験した当初から、SE社が新市場の顧客との関係構築に必要になる能力を十全に持っていたわけでない。しかし、後ろに引けない状況の中で、製品・市場ポートフォリオを転換するという旗を掲げ、偶然をうまく取り込みながら、活動の実行プロセスでLearning by doingにてまずは国内市場の中で新市場開拓に必要な能力を蓄積していったのである。

受注激減の危機からの脱却にSE社が取り組み始めたときに、偶然、関東圏のLPレコードの製造企業が、口コミで「珍しい機械を使いこなせる企業が諏訪にある」という評判を聞いてアクセスしてきた。これが域外顧客第1号となる受注となった。この偶然の出来事をきっかけとして、国内に数台しか導入されていない珍しいスイス製の設備、エスコマティックを使いこなせる能力を蓄積できていたことが、他社と差別化する新市場開拓の切り札になることに当社は気付くのである。

それ以後は、この認識できた独自能力をアピールしながら、積極的に広域の

【図表6-4】 SE社の事業のあり方の変遷

| | 会社の沿革 | トピックス |
|---|---|---|
| 1950年代前半 | ・諏訪市にて先代が個人創業 | ・ベンチレースでオルゴール部品製造 |
| 1970年代前半 | | ・長野県初のスイス製エスコマティック導入 |
| | | ・主に8ミリカメラ、テープレコーダー部品加工 |
| 1970年代後半 | | ・最大の得意先の8ミリカメラ、テープレコーダー事業部が相次いで閉鎖 |
| | | ・関東地域の新顧客を開拓（エスコマティックでオーディオ部品製造） |
| | ・株式会社に変更。代表取締役に現社長が就任 | ・顧客：全国10社 |
| 1980年代後半 | ・海外輸出開始 | ・シンガポール企業と直接取引（ハードディスク部品の輸出） |
| 1990年代前半 | ・工業団地内でさらに工場増設 | ・顧客：海外含め20社 |
| 1990年代後半 | | ・顧客：海外含め40社 |
| 2000年代前半 | ・中国日系企業A社への直接輸出開始 | ・A社へ輸出したのはソレノイド部品。海外売上比率10％超 |
| | | ・携帯電話部品加工が売上の柱へ |
| | ・中国大連に駐在員事務所開設 | ・中国人を初採用 |
| | | ・域内の仲間企業の中国現地法人を通じて、中国日系企業B社にデジタルカメラ部品を納入 |
| | ・中国大連保税区に独資法人の営業拠点設立 | ・独資法人の社員は、中国人2名 |
| | | ・海外売上比率20％超。 |
| | | ・中国天津日系企業C社にプリンター部品納入 |
| 2000年代後半 | ・伸び続けてきた売上が、2006年に前年比75％へ減少 | |
| | ・技術提案が評価される高付加価値品へ挑戦 | ・東京に本社、岐阜県に工場のある半導体製造装置メーカー向けの売上が伸びる |
| | | ・2009年の世界同時不況時には、国内需要が大幅低迷したために、中国向け売上比率が一時総売上の40％超にまで上昇 |

(出所) 筆者らのインタビュー調査で得た資料及び聞き取り内容をもとに作成

営業活動に取り組む。その際、現社長が営業の先頭にたった。社長が遠方まで営業活動に出かけるということは、社長が社内に不在の時間が増えることを意味する。当時従業者規模15名程度の組織であったが、社員の一人に生産現場の管理の長を任せる体制を構築した。新しい組織体制のもとで、1980年代前半には当社の顧客は国内全国10社にまで増えた。

このステップを踏んだ上で、SE社は1980年代後半から国内域外地域よりも市場の不確実性がさらに高い海外において新顧客開拓に挑戦し、海外顧客との関係構築のために必要になる能力の蓄積を、Learning by doingによりさらに進めた。1980年代後半に商社を通して輸出を始めたが、2000年代前半には現地の人材を2名採用し独資の営業拠点を設立した。図表6-5の写真は、SE社の製造物の実例である。通常の鉛筆の尖らせた先端と写真中央部に並べられた当社の部品の大きさを比較できるよう撮影されている。この写真からも分かるようにSE社の加工物はどれも極めて小さく細かい。たとえば太さは髪の毛程度、長さ5ミリというような部品である。1万個を箱に詰めても小さめの箱1つに収まり輸送コストを抑えられる。国内のみに生産拠点を持つSE社が、中国現地の加工メーカーに対してこれまで競争優位を維持できてきた理由としては、この輸送コストの低さもあるが、それだけでは説明不足である。さらに超

【図表6-5】　SE社の生産品目の一例

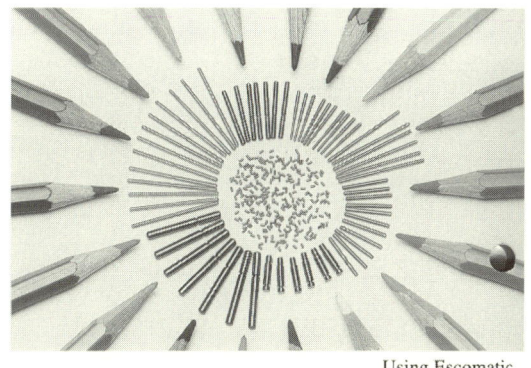

Using Escomatic

（出所）SE社パンフレットより引用

微小な部品の精密加工の独自技術を蓄積してきたこと、また鮮度が重要な需要が要求する「スピード勝負」の注文に対して、地域の他企業と協力する事業システムを組むことによって柔軟に対応できる体制を整えてきた点も重要である。

このように、製品・市場ポートフォリオの転換は、新市場と関係を構築するのに必要な能力や、組織体制、事業所の立地パターン、技術蓄積の方向性といった経営資源ポートフォリオのあり方の変化や事業システムの組み立てられ方の変化といったことも促していった[3]。

### (6) 部品や産業機械などの生産財領域で独自性を発揮した転換

なおコア企業の現在の製造物の特徴を先の図表6-3で詳しく見ると、かつての諏訪圏域の大手メーカーが得意とした消費財ではなく、特殊部品・高機能部品や産業機械といった生産財において、市場での自立に成功している企業の比率が圧倒的に高いことがわかる。コア企業14社のうち、製造装置や部品といった生産財の企業が13社を占める。

この傾向を、諏訪圏の実力企業の展示会である「諏訪圏工業メッセ」の2008年の出展者リスト（図表6-6）でさらに確認する。生産財に該当する「加工技術」と「生産財としての機械・完成品」の出展企業がそれぞれ157社、

**【図表6-6】 諏訪圏工業メッセ2008年出展者リスト**

| | 加工技術 | 機械・完成品〈生産財〉 | 機械・完成品〈消費財〉 | 産学・研究関係 | IT関係・その他ソリューション提供 |
|---|---|---|---|---|---|
| 諏訪圏内事業所数 | 124 | 45 | 2 | 8 | 31 |
| 諏訪圏以外の県内事業所数 | 28 | 7 | 0 | 6 | 14 |
| 県外事業所数 | 5 | 3 | 0 | 9 | 3 |
| 海外事業所数 | 0 | 0 | 0 | 0 | 1 |
| 計 | 157 | 55 | 2 | 23 | 49 |

（出所）諏訪圏工業メッセ2008オフィシャルガイドブックに掲載された出展者リストを筆者が集計した額田（2011）より引用

55社であるのに対し、消費財に該当する「消費財としての機械・完成品」の出展企業数はわずか2社である[4]。

伊丹（1998）は、造船、鉄鋼、VTR、コンピューター、自動車、化学などの多様な産業を対象にした具体的な個別の研究調査の結果を日本産業の発展過程という視野でまとめなおし、戦後、日本のものづくりの成長を牽引したリード産業が、成長の第1の波の時代（1955～1974）の「重化学工業と機械産業」から、第2の波（1975～1993）における「自動車とエレクトロニクス産業」へ、そして第3の波（1994以降）では「支援型（高機能部材等）・統合型（ソフトウエアも含めた顧客へのトータル・ソリューションの提供）の産業」へと移り変わってきたことを示した。

先に特殊な部品の製造で伸びてきたコア企業の事例としてSE社を例示したが、産業機械の製造で伸びてきたコア企業の事例を次に1つ紹介する。

〔事例：野村ユニソンの転換〕

かつてダイカスト・鍛造によるバルブやガスコンロ部品の量産を主たる業務としていたが、現在は国内外の顧客向けに液晶・太陽電池をはじめとする各種製造装置の設計・販売を3つの事業の柱の中の最重要の事業とする企業へと転換を進めてきた企業である。図表6-7は、野村ユニソンの自社製品を紹介す

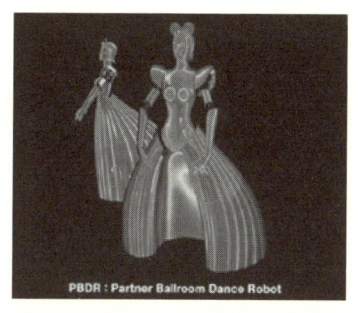

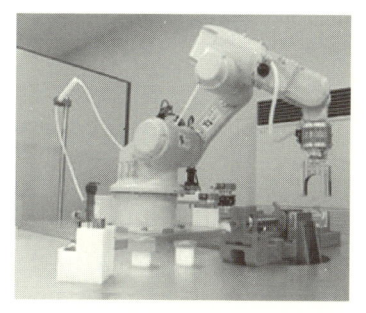

**【図表6-7】 野村ユニソンの製品**

（出所）野村ユニソン社ホームページ http://www.nomura-g.co.jp/business/sangyou_robot.html （2011.10.12時点）より引用

る写真である。環境変化に対応する中で、2005年の愛・地球博で世界のメディアでも紹介された「ダンス・パートナー・ロボット」(写真左) や、動きを巧みに制御できる特殊ロボットを利用した自動組み立てシステム (写真右) などのユニークな製品を開発できる企業へと成長した。

野村ユニソンの最初の転機は、1960年代に起きた。諏訪の代表的大企業セイコーエプソンの前身の諏訪精工舎が、時計製造において当時最も国際競争力が高かったスイスに追いつくために時計部品の製造装置を自社開発しようとしたときに、野村ユニソンに協力を要請した。当社がバルブ製造のために、独自の治具や装置を開発していた実績を買われての依頼であった。SE社のように大企業との関係でマイナスの経験が転換の契機となることもあるが、野村ユニソンのように大企業からのプラスの働きかけが転換の契機となることもある。

諏訪精工舎からの依頼がきっかけとなり、当社は社内向けの治具や製造装置の独自開発の能力を、異なる産業の他企業のニーズに応えるビジネスへ活用するという新しい方向性に気づくのである。当社は1968年より、従来のダイカスト・鍛造による部品製造といった量産事業を残しつつ製造装置の新事業へ多角化を進めていくことになる。

当社は1970年代という早い時期から名古屋、東京、茨城などの国内域外の新顧客開拓のための営業活動に取り組み、新市場との関係構築に必要な能力を蓄積する。1990年ごろに既に、売上に占める諏訪圏内事業所向けの比率は2〜3割程度まで落ちていた。その後も、域内・域外の展示会にも積極的に参加し自社の技術のPRを継続し、また産学公交流事業にも関わってきた。先のダンス・パートナー・ロボットは、産学公交流の共同研究の成果を活用した事例の1つである。現在は、売上に占める諏訪圏内事業所向けの比率は1割を切っている。

積極的な営業活動や産学公交流事業などへの参加の中で気づくユニークなアイデアは、製造部門の視点からすると「とんでもない」と思われる内容をしばしば含んでいる。その矛盾を社内に「おもしろいじゃないか」と受け止め、新しい技術や生産ノウハウの開発の梃子として利用しようとする組織文化づくり

を当社は進めてきた。

　当社が海外生産拠点を設立した契機は、1980年代後半、バルブ製品の主たる顧客から海外展開への協力の要請を受けたことである。当社は台湾に1987年に独資で最初の海外生産拠点を設置し、要請を出した顧客向けにバルブを製造してきた。しかし2000年代に入ってその発注が打ち切られたために、台湾工場を液晶製造関連設備、半導体製造関連設備など産業機械の生産拠点へと変化させた[5]。

　SE社や野村ユニソンの事例に見られるように、諏訪圏域のコア企業が部品や産業機械といった生産財の領域での製品・市場ポートフォリオを選択したことは、これらの企業が海外展開するにあたって、第3章で指摘された生産財マーケティングのメリット、すなわち市場の不確実性が非常に高い海外市場において新顧客との関係構築が必要とするコストを抑えることに役立っていると考えられる。

### (7)「市場との関係構築」に関わる能力の蓄積

　諏訪圏域のコア企業は、なぜ上記のような特徴を持った事業のあり方の「転換」を成し遂げることができたのか。ものづくり企業の経営資源の中核に位置する技術をきちんと蓄積できただけでなく、市場との関係構築に関わる諸活動に積極的に関わって、技術蓄積と市場との関係構築の好循環のスパイラルをうまくまわすことができたという点が重要である（額田・岸本・粂野・松嶋, 2010）（図表6-8参照）[6]。これまで明確に定義せずにしかし繰り返し出てきた「市場との関係構築」というキーワードをここで改めて定義しておこう。ここでの「市場との関係構築」とは、新たな製品や新しいセグメントの顧客との関係を築くことに短期・長期に貢献する活動に取り組むことを指す。このときの「関係」とは、企業と顧客が価値を交換し合う取引関係を構築することだけでなく、企業と顧客、また企業と企業、企業と研究機関など、価値連鎖に関わる多様な主体との間で、価値を協創する基盤となる信頼の関係（リレーション

**【図表6-8】 諏訪圏域の環境変化の中での競争力維持をとらえる視点**

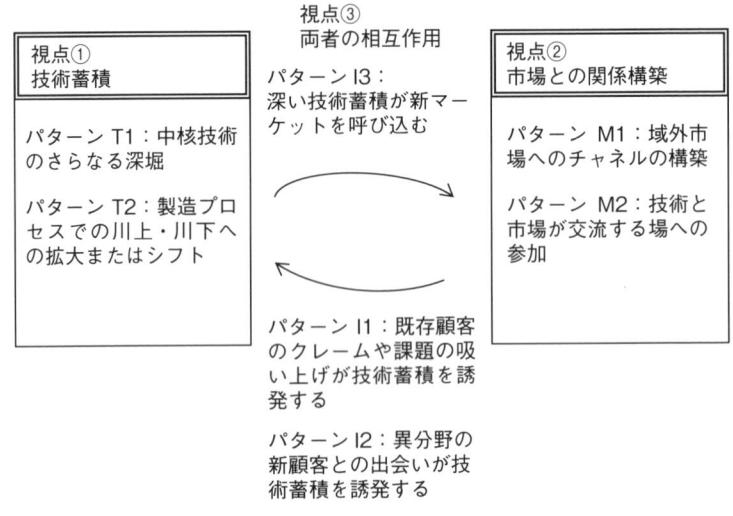

```
                        視点③
                     両者の相互作用
┌─────────────────┐   パターンI3:              ┌─────────────────┐
│ 視点①           │   深い技術蓄積が新マー      │ 視点②           │
│ 技術蓄積         │   ケットを呼び込む          │ 市場との関係構築 │
│                 │           ↘                │                 │
│ パターンT1:中核技│                            │ パターンM1:域外市│
│ 術のさらなる深堀 │                            │ 場へのチャネルの │
│                 │                            │ 構築             │
│ パターンT2:製造プ│           ↖                │ パターンM2:技術と│
│ ロセスでの川上・川│                            │ 市場が交流する場へ│
│ 下への拡大またはシ│                            │ の参加           │
│ フト             │   パターンI1:既存顧客      │                 │
│                 │   のクレームや課題の吸      │                 │
│                 │   い上げが技術蓄積を誘      │                 │
│                 │   発する                    │                 │
│                 │                            │                 │
│                 │   パターンI2:異分野の      │                 │
│                 │   新顧客との出会いが技      │                 │
│                 │   術蓄積を誘発する          │                 │
└─────────────────┘                            └─────────────────┘
```

(出所) 額田 (2010-b) の中の額田・松嶋により作成された図より引用

シップ) を育てることまで含めてとらえる。

　市場との関係構築には、大きく分けて2つのパターンがある。パターン1は、域外マーケットへのチャネルの構築である。たとえば、域外に営業拠点を設置し、自社の中核人材を配置し、顧客と自社の間の関係を形成することである。顧客と自社を結ぶチャネルは、製品というモノが流通し対価が支払われる取引の道であるだけでなく、顧客に自社情報を発信したり、逆に顧客のクレームやニーズを自社に取り込む情報収集の道としても重要な役割を果たす。

　一方パターン2は、技術とマーケットが交流する場への参加である。たとえば、展示会への出展や産学公交流の研究会、異業種交流の勉強会などへの積極的な参加である。眼前の仕事のための関係づくりではなく、将来の仕事のために貢献するかもしれない多様な主体との関係を形成する役割を果たす。

　図表6-8の好循環のスパイラルが起きるためには、「市場との関係構築」に関わる活動に積極的に取り組むことが大事であるが、「市場との関係構築」を効率的に進めていくための能力が蓄積されると、関係構築活動が効果を生み出

しやすくなる。第3章では海外市場との関係構築に必要になる能力や資源として、「情報収集・発信能力」「取引実績の可視化」、「固有技術の結果の可視化、かつ固有技術のプロセスのブラック・ボックス化」「海外との契約能力、または専門商社・営業代理店など海外組織との関係」が重要になることが指摘された。この中の「情報収集・発信能力」はとくに、海外に限らず国内でも新市場開拓において必要になる能力である。また「取引実績の可視化」、「固有技術の結果の可視化、かつ固有技術のプロセスのブラック・ボックス化」は、市場の不確実性が大変高い海外展開で必要度の高い能力であるが、その蓄積が深まれば国内新市場開拓にも有効な能力である。

　先のSE社の事例で見られるように、製品・市場ポートフォリオの転換戦略を打ち出した当初、新市場での関係構築が必要とする能力や資源の蓄積が不十分でも、あえて進出することが長期的な発展を促すことがある。短期的な要素間の不均衡を含んだ戦略をあえて設定して、その不均衡を解消しようとする戦略の実行プロセスが、企業のダイナミックな成長を促すというメカニズム（Hirschman, 1968；伊丹, 2003）は、企業の国際化戦略においても重要になる。SE社の事例では、1970年代後半の戦略転換の後、偶然の出来事をきっかけに、自社の独自能力が何であるのかに気づき、それを活用するために国内の新市場を開拓していこうとする実行プロセスで、まずは新市場の「情報収集能力・発信能力」が蓄積された。その後、海外への輸出にさらに取り組む中で「海外との契約能力」なども獲得されてきた。ただし当社は海外売上比率が比較的高い企業であるが、一方で海外での取引先はいまだ日系企業の海外拠点に限定されている事例でもある。商習慣の違う東アジア諸国の現地企業との取引開始にあたり、自社の中核技術が盗まれるリスクや、支払いの不履行などの不安をまだまだ多くの日本の中小企業は感じている。

　日系企業だけでなく中国、台湾、韓国の現地企業にも輸出している諏訪圏企業の一例として、液晶製造プロセスの洗浄・検査装置を開発販売しているエーシング社を取り上げる。当社社長は、創業前に転職を重ねながら、製造の現場、営業、開発の各職能を経験したことに加えて、海外貿易担当の職能も経験

するキャリア・パスを踏んでいる。しかし、その創業前の海外貿易担当の経験は、海外市場との関係構築能力の素地を提供したにすぎなかった。現在の当社の売上の海外市場比率は8割に達するが、ここに至るまでには中核部品をコピーされそうになったり、事前の約束が反故にされたりするなどのさまざまな苦い経験を味わってきた。それを踏まえ当社は、たとえば「固有技術の結果の可視化、かつ固有技術のプロセスのブラック・ボックス化」という微妙なしくみを形成してきた。当社の試作開発スペースに顧客は実際に入って「固有技術の結果」としての装置を見ることはできる。しかし、「固有技術のプロセス」が凝縮された中核部品は、機構としてはしっかり包み込まれるデザインになっており、顧客がそれを分解して固有技術のプロセスを探ろうとすると、重要な部品が折れたりしてもとに復元できなくなる工夫がほどこされている[7]。日系企業の範囲を超えて海外の現地企業も含めた市場を開拓していくためには、このような新しい能力の構築も必要になる。

### (8) コア企業の転換が地域経済に与えた影響

　以上のようなコア企業の事業のあり方の転換は、地域経済にどのような影響を与えたのだろうか。個々のコア企業が転換に成功し高パフォーマンスを達成したことは、地域経済に対して与えた影響について直接的な2点、さらにこのような影響の波及の複合効果として地域経済に対して与えうる間接的な影響について2点見ていこう。

　まず、直接的な影響の方から見ていく。第1にコア企業の高パフォーマンスは、地域の雇用にどのような影響を与えたのだろうか。さらに第2にとして地域の他の中小企業の事業のあり方の転換に対してどのような影響を与えたのだろうか。

　まず第1の点について、コア企業は、新しい事業へ展開していく過程で、新たに必要となる能力を社内に保有するために、大手企業を早期退職した技術者や若者を積極的に採用し活用している。ただし、製造品出荷額と利益率を1990年代以降一貫して維持してきた諏訪圏域であっても、雇用の維持はでき

なかったということも重い事実の1つである。工業統計表（全数調査）で諏訪圏全域の従業者数合計の推移をとらえると、1990年の43,000人から2005年の31,000人へと、15年で28%の雇用を失っている。

第2の点については、コア企業の中で外注を利用する事業システムを選択した企業は、コア企業自身がつくるものを変化させる過程で、これまで以上に難しい注文を地域の小零細の加工企業にも出すことによって、一部の小零細の加工企業の事業のあり方の転換を促した。これまでと桁違いの高品質が要求されたり、量産ではなく多品種少量の部品生産が要求されたりするようになった変化を受けて、小零細の加工企業の中には設備を入れ替えたり、治具を工夫したり、または人を育てたりすることによって転換を進めてきた企業もある[8]。ただしその一方で、コア企業の転換に対応する方向性を見い出せず、苦境を脱せない小零細加工企業も観察される。たとえばK切削（従業員20名、切削加工）はかつて月数十万個、数万個の量産部品に対して専用機を導入して対応してきたが、域内顧客からも域外顧客からもそのような発注が減少してきた。量産をさらに効率化する努力をしたり、近くの異業種の加工業者とグループを組んで域外顧客からの共同受注に取り組んだりしているが、その一方で月2,000個程度の自動車のメンテナンス用部品の発注の打診を受けるチャンスがあってもそれだけ小さいロットで採算をとる生産システムを組むことができず、注文を断っている。コア企業の転換が地域の小零細加工企業群の転換を促した効果の量の程度の推計については、今後の研究課題の一つとして残されている。

次にコア企業の転換が、複合効果として地域経済に与えた間接的な影響について見ていこう。第1に地域産業の競争優位の源泉に変化が起きたのだろうか。第2に、地域の社会的分業構造にどのような影響を与えたのだろうか。

間接的な影響の第1については、地域の競争優位の源泉が従来の「細かい小物部品の量産加工を、安定した高品質で提供できること」（関，2001）から、「不確実性・多様性の大きな需要や生産の条件に対応してフレクシブルに対応できること」へとシフトしつつあることが観察される。渡辺（2006）は、このような現象を国内各地の産業集積の「オータナイゼーション化（＝大田区化）」

と表現した。かつての国内完結型の社会的分業構造が、1990年代以降東アジアとの関係が深まる中で、東アジア各地に分散した拠点を結ぶ社会的な分業構造へと変容を進めている。この変化の中で、量産を得意とした地方の産業集積地の多くは、地域の大企業の生産拠点が海外に移転する中で地域の産業と雇用を維持できなくなる危機を経験した。「オータナイゼーション化」とは、国際化が進む中で地域産業の危機を克服するために、従来大田区のような特殊な地域が得意としてきた変化・変動の激しい需要にもフレキシブルに対応できるしくみへ地域産業が転換を進めることを指している。

諏訪圏のこの競争優位のシフトの実態をさらに詳しくみると、（ア）多品種少量に特化していくことにより新しい強みを発揮している企業と、（イ）量産を維持しながら、企業全体としては不確実性・多様性の大きな要素も併せて対応できることを強みとする企業へ転換する2つのパターンに分けられる。先のSE社は、（イ）に該当するであり、エーシングは、（ア）に該当する企業である[9]。

間接的な効果の第2は、社会的分業構造の変化である。従来の少数の大企業を頂点とした垂直的な下請け分業構造が崩れ、新しい社会的分業構造が形成された。地域産業が実現するニーズは、間接的効果の第1で指摘したように大田区が得意としてきた方向性と変化してきている。しかし、そのニーズを実現する「プロセス」に関係する社会的分業構造まで大田区的なものに収斂してきているのかどうかは、ここで改めて検討する必要がある。

第3節では、従来の大田区が不確実性・多様性の大きな需要が求めるニーズを実現するにあたってどのようなモデルと社会的分業構造をそもそも持っていたのかについて3.（1）～3.（3）でまず振り返る。その上でこの大田区のしくみが環境変化の中でいかに変容していったのかについて3.（4）～3.（7）で述べていくことにしたい。

## 3. 従来の大田区のしくみとその変容

### (1) 域外需要搬入の担い手が分散

大田区においては従来、地域の中の少数の優秀な目立つ企業のみが広域から需要を搬入するのではなく、多種多様な個性を持つ、さまざまな規模の企業に需要搬入の機能が分散していた。大田区を含む京浜地域の分業構造は、次のようなプレイヤーから構成された（渡辺, 1990, pp. 195-207）。

①大手完成品メーカー：量産業種の研究開発・試作拠点、および少量多品種業種の研究開発・試作・量産拠点
②中堅・中小の完成品メーカー：特定用途の産業用機械などの隙間市場の完成機械・完成部品の製造企業
③中小の高度技術加工企業：高度技術にもとづいた特定加工に強みを持つサプライヤー
④小零細の熟練中心加工企業：高度技術よりも熟練に競争力の源泉を置くサプライヤー

1980年代後半の京浜地域の分析から渡辺（1997）が指摘するのは、①や②の完成品メーカーにとどまらず、③中小の高度技術加工企業群が関東圏を超えた国内各地から直接需要を獲得し、また数として地域の中の圧倒的多数を占める④の企業群も関東広域圏をメインとして域外需要を直接獲得しているという点である。サプライヤーのカテゴリーに属する③④は、互いを量だけでなく質の面でも補完し合うことにより、特殊な加工方法の工夫が必要な仕事でも、急ぎの対応が必要な仕事でも、変化の大きい多品種少量の仕事でもフレキシブルに対応できる強みを発揮してきた。このようなフレキシビリティの発揮を競争優位の源泉として、大田区では③や④の層の企業も含めて、多数の企業が域外需要搬入機能の担い手となってきたのである。

## (2)「即興演奏」型のフレクシブル・スペシャリゼーション

③や④の大田区の中小零細のサプライヤーが実現してきたものづくりの特徴は、「フレクシブル・スペシャリゼーション（柔軟な専門化、または柔軟な連結）」(Piore & Sabel, 1984) の一形態であるととらえることができる。トヨタがサプライヤーとともに築きあげているものづくりのしくみがフレクシブル・スペシャリゼーションの中でも「オーケストラ型」であると表現できるのに対し、従来の大田区のしくみは「即興演奏」型 (Jacobs, 1984；今井, 1984；額田, 2002) であると表現可能である。

トヨタ生産システムのものづくりは、入れ替わりの少ない限定されたメンバーから構成されるオーケストラ楽団が特定の巨匠の指揮下で奏でる交響曲にたとえることができる。一方の大田区のものづくりは、曲目の特性に応じて指揮者が交替し、演奏出演者も柔軟に組み替えられていく町工場バンド隊によって奏でられる即興演奏のようなものである。指揮者が状況によって交替するので、互いの企業の間に相互発注の関係が観察される。

トヨタグループと大田区のものづくりの大きな違いは、分けた仕事の間を調整する指揮者の固定性の程度と、演奏出演者のメンバーシップが限定される程度の違いにあった。

## (3) 複雑な社会的分業構造に支えられた即興演奏

大田区中小企業の優れた即興演奏は、地域の企業の間に張り巡らされた複雑な社会的分業構造が支えていると評価されてきた（渡辺, 1997, p.191；額田, 1998, 2002）。ここでは、この複雑な社会的分業構造を、次の3点から整理していくことにする。

- ⅰ) 域外需要の搬入機能の分散の程度
- ⅱ) 分業関係の階層の錯綜性の程度
- ⅲ) 企業間でやりとりされる情報の蓄積パターン

第 6 章　国際化と国内機械産業集積地の変容

　以上の 3 点について、1990 年代の TA 社とその仲間の企業の分業関係（図表 6-9 参照）を事例として取り上げながら見ていこう。

　TA 社は、当時従業者規模 20 名のプレス加工のサプライヤーであった。主たる製造物は産業向けのエアコンや冷蔵庫の部品であったが、その他にもオフィス用コンピューター、スロットマシーン、オゾン発生装置の部品など多様なものを製造していた。

　まず、ⅰ）についてであるが大田区において域外需要の搬入機能の分散の程度が高かったことは、TA 社の事例からも確認される。近場の大田区、品川区、目黒区、川崎市よりも遠方の顧客から需要を獲得することは、この図の中では、①京浜地域の大手完成品メーカーとしての F 社、②中小完成品メーカーとしての I 工業だけでなく、③中小の高度技術中心加工企業としての TA 社、OD 板金、④小零細の熟練中心加工企業については筆者が確認できた範囲で OB 製作所、UI 製作所、TN 技研において担われていた。

　次にⅱ）の「分業関係の錯綜性の程度」についてであるが、企業城下町で観

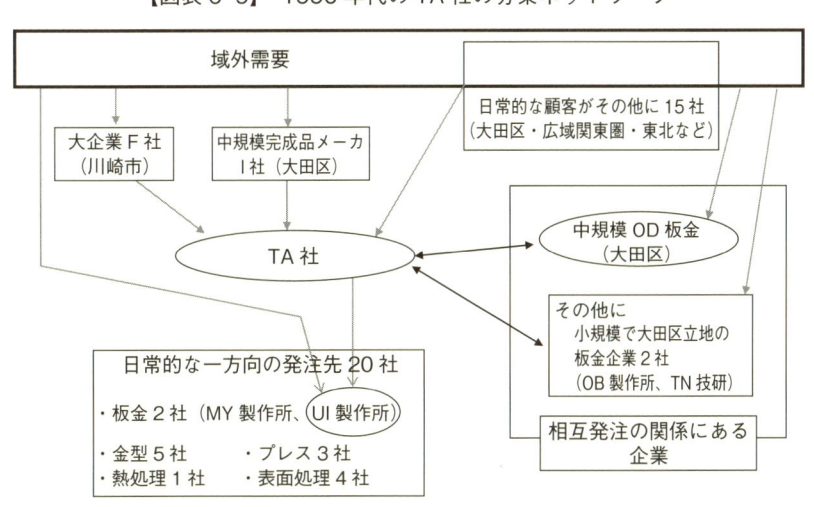

【図表 6-9】　1990 年代の TA 社の分業ネットワーク

域外需要
- 大企業 F 社（川崎市）
- 中規模完成品メーカー I 社（大田区）
- 日常的な顧客がその他に 15 社（大田区・広域関東圏・東北など）

TA 社

中規模 OD 板金（大田区）

その他に小規模で大田区立地の板金企業 2 社（OB 製作所、TN 技研）

相互発注の関係にある企業

日常的な一方向の発注先 20 社
・板金 2 社（MY 製作所、UI 製作所）
・金型 5 社　・プレス 3 社
・熱処理 1 社　・表面処理 4 社

（出所）筆者作成

察される、親企業、1次サプライヤー、そして2次や3次サプライヤーの階層が固定化されたピラミッド構造の社会的分業のあり方を一方の極に置いたときに、それに比べてどの程度分業関係の階層が入れ替わる複雑性を見せているかというものである。

TA社の発注先は、プレス加工に必須な金型や材料の企業だけではない。関連する工程をまとめて引き受けるワン・ストップ・サービスを顧客に提供できるよう、旋盤加工、フライス加工、研磨、板金、プラスチック成型、熱処理、表面処理などの工程をそれぞれ専門とする企業とも分業関係を形成していた。特に板金加工業者3社やプレス加工業者2社とは、指揮者役を交替し合う相互発注の関係にあった。たとえば、TA社の日常的な顧客が量産だけでなく試作関係の仕事も併せて頼めることを望む場合には、TA社が指揮者役を担いつつ、OB板金に協力を依頼する。逆に、OB板金の方も、日常的な顧客から「今回の製品モデルはヒット商品に育ちつつあり量が出そうなので、特別、金型をつくって対応してほしい」旨を依頼された場合には、TA社に協力を依頼する。この指揮者役の交代は、同程度の規模の企業間だけでなく、ときには規模の程度の違う企業間でも見られ、受発注関係の階層は固定化していなかった。

最後にⅲ）の「企業間でやりとりされる情報の蓄積パターン」についてである。分業関係にある企業の間で情報がやりとりされた結果、知識・情報の共有や共創がどのように行われ、蓄積しているかという点について見てみよう。

大田区は企業間の相互学習[10]が非常に活発な地域であった。限られた地域に多数の企業が集積しているメリットを活かして、互いの活動の場へ行き来しながらのコミュニケーションが頻繁にとられていた。このことが、各企業の専門領域は異なっても、その領域の壁を超えた関連情報を「部分的」に重複して保有することを可能にしてきた。

企業間で「部分的」に重複して情報・知識が保有されていることが、分けた仕事の間を調整して全体の整合性を持たせたり、異なる文脈から互いに将来の仕事に活かせる知恵を得たり、さらには新しい仕事のやり方を共創したりする

ことの情報的基盤を提供していた[11]。このような情報的基盤が、多数の中小企業の関係の上に形成されていることが、大田区が他の地域では断られてしまいがちな特殊ニーズにもフレクシブルに対応できるすごさを支えてきたのである。

　以上3点で整理される特徴、すなわちⅰ）域外需要搬入機能の分散の程度が非常に大きく、ⅱ）分業関係の階層の錯綜性の程度も非常に大きく、ⅲ）中小企業の間で互についての関連情報が「部分的に」重複しながら分厚く蓄積しているという特徴を持った複雑な社会的分業構造は、他の地域が真似して短期間で形成できるものではない。そのために、この複雑な社会的分業構造の存在が、大田区の地域としての競争優位を支える要因の1つと考えられてきたのである。

　しかしこのような大田区のしくみは、環境変化の中で実は根本的な変容を起こしてきている。その点について次に見ていこう。

### （4）海外との国際競争の遅れた直接的・間接的影響

　試作や開発プロセス、多品種少量の特殊な製品づくりが求める難しいニーズへのフレクシブルな対応を得意としてきた大田区は、国内地方の機械産業集積地よりも海外との国際競争の影響を受ける時期が遅かった。大企業の生産拠点の海外移転の影響は、初めは国内地方の量産機能から始まったからである。大田区もバブル経済崩壊後、大幅な製造品出荷額の落ち込みを経験はしたが、高い熟練を持って堅実に経営を行ってきた中小企業までが経営持続の困難に直面したわけではなかった。1990年代前半まで大田区中小企業が海外との国際競争の影響を直接的に受けずにすんだ理由は、金型の製作や、開発に伴う試作、あるいは特殊部品の供給といった仕事は、当初は海外への技術移転がなかなか進まなかったためである（山田, 2009, p.18）。

　しかし1990年代後半に入ると、国際化と共にIT化が急速に進み、IT技術とマイクロエレクトロニクス技術が融合した生産技術の発展の中で、大田区でないと対応が困難だと言われていた金型製造の仕事、試作に関する仕事、産業

向け (B to B) の特殊仕様の製品に関する仕事のなかのある部分が、国内地方や海外の生産拠点に奪われる傾向が見え始める。大企業は、どの技術が海外移転可能かを移転の過程で様子を見ながら調整したので国内回帰した領域もあるが、確実に大田区に流入する需要量は減少し続け、工業統計表(全数調査)によると、1990年に1兆7,900億円だった製造品出荷額は2005年には7,600億円にまで、すなわち15年間でかつての半分以下の需要量にまで落ち込んだ。このような需要量の大幅減は、海外立地の生産拠点に奪われた国際競争の直接的影響だけでなく、諏訪のような国内地方の中小企業が従来の大田区が得意としてきた領域に転換を進めた結果奪われた国際競争の間接的影響のミックスとして生じている。

このような環境変化に対して、大田区中小企業はどのようなリアクションをとったのか。

### (5) 環境変化に対する大田区中小企業のリアクション

従来、大田区中小企業は専門とする特定の基盤技術をベースに多様な産業の顧客に対応し、製品・市場によって異なる需要変動の波を打ち消しあうことによって安定性を保ってきた。すなわち、技術を特定領域に特化しながらも、対応できる製品や市場のポートフォリオの幅は広かった。しかし国際分業が進み海外との競争が激化する中で、幅広い製品・市場ポートフォリオを持つ優れた熟練を持つ企業でも経営を維持するだけの需要を確保することの困難に直面するようになった。創業が少ないにも関わらず廃業が多い状況が継続し、工業統計表(全数調査)で1990年に7,860あった事業所は、2005年には4,778、さらに2008年には4,362にまで大幅に減少している。

環境変化へのリアクションとして、厳しい状況下でも存続の意志を持ち続けている大田区中小企業がとろうとした方向性は大きく分けて3つあると考えられる。第1は、不確実性・多様性の大きな需要への対応能力をさらに高度化し、特定の領域について世界を見渡しても他企業が追随できないような特殊技術で差別化する方向性である。第2は、広域ネットワークの柱の一つとなるこ

とである。国内他地域、海外の他企業とも連携を強め、不得手な工程を補い合うことにより、競争力の強化を目指す方向性である[12]。

第3は、自分がこれまで得意としてきた業務活動の流れの中の特定領域から川上や川下へ垂直統合を部分的に進め、複数機能を社内に保有しているメリットの方を優先して勝負する方向性である。たとえばある切削企業は他地域に分工業を持ちながら熱処理の工程を内製化することによりその結合領域で生じる問題を社内で制御できるようになるメリットで差別化した。また小〜中ロットのBtoBの製品分野での試作・開発・特殊品を得意としてきたある板金企業は、域外に生産拠点をすべて移し区内には本社機能のみを残す体制へとシフトし、プレス工程や塗装工程等の内製化を進めた。この板金企業は、試作・開発と量産のつなぎの部分を社内で制御できるメリットで差別化しようとしている[13]。

(6) 中小企業の「市場の国際化」と「生産の国際化」

3つのどの方向性をとるにしても、大田区中小企業にとって、中小企業自身の「市場の国際化」は戦略の選択肢の一つになりうる。東アジア経済の成長を、需要を奪う脅威の面のみでとらえるのではなく、むしろ大田区の中小企業が培ってきた基盤技術を売り込む市場開拓の機会としてとらえようという発想の転換を進める中小企業が登場した。

大田区の支援機関も「グローバル・テクノポリス・OTA」というコンセプトで積極的に中小企業の「市場の国際化」の支援を進めてきた。1994年に大田区支援機関が音頭を取って、シンガポールでの展示会で区内中小企業のブースをつくって出展を支援したのを皮切りに、毎年、アジア各国で開催される国際見本市に区のブースをつくって出展している。

さらには、大田区の支援機関は中小企業の「生産の国際化」の支援も進めている。2006年にはタイのバンコク郊外にある「アマタナコン工業団地」に、OTA TECHNO PARKという中小企業向けの賃貸工場が設置された。このOTA TECHNO PARKの入居企業の1社、南武は、自動車のエンジン製造の金型等に用いられる特殊なシリンダー製造の独自の生産技術を持つ企業であ

り、先の第1の方向性をつきつめた企業である。特殊なシリンダー製造において、現在、世界市場シェアの6割を占める。大田区、静岡、タイ、中国にある生産拠点を結び、独自の製品を世界の市場に提供している。

### (7) 大田区の地域経済への影響

以上のような大田区の一部の中小企業の成長は、大田区の地域経済にどのような直接的影響と間接的影響を与えたのだろうか。直接的影響としては諏訪圏域の事例と同様に地域の雇用の場の1つを提供し、また地域の一部の他企業の事業のあり方の変化を促す効果を与えてはいる。ただし、地域の製造業の総従業者数と事業所数が大幅に減少している現状から鑑みるに、地域経済全体に与えた影響は限られていたことが推測される。

間接的影響としては、コア企業と小零細加工企業の間の階層分解を進め、地域の社会的分業構造に重要な変化をもたらした。従来の大田区では地域の中の平均的なレベルの小零細加工企業でも域外需要の搬入機能を果たしていた。優れた熟練を持ち仲間との関係を育て誠実に経営を行うことで、域外需要の方が「大田区でならこの難問題を解決してくれる企業が見つかるのでは」と地域に飛び込んできてくれた。

しかし地域に搬入される需要が大幅縮小し、廃業が進み、地域の中小企業を結ぶ関係の網の目にほころびが生じるようになった中で、大田区であっても、組織の中の中核人材が市場との関係構築活動に積極的に関われる組織体制を整えられた企業でなければ、域外需要の獲得は困難になっている。そうなると、域外需要獲得のためには、技術が優秀であるだけでは不十分で、組織をマネジメントする力も必要になるわけであるが、大田区の小零細規模の企業の中でこの条件を満たせるよう組織変革を進められた企業の数は限られたと考えられる。

このような状況の中で、海外も含めて広範囲の域外の市場との関係構築に関わる活動に積極的に取り組む一部の中小企業が「コア企業」層として成長する一方で、平均的な小零細加工企業は域外需要獲得の力を減退させるという階層

分解が進んできている（額田・岸本・首藤，2009；首藤・額田・岸本，2010）。

(8) 大田区企業の非オータナイゼーション化？

　環境変化に対応する中で、大田区らしいと言われてきた特徴が変容しつつある。細かな分業の内製化が進む。小零細のなにげない企業が横のつながりを活かして難問題を解決していた姿が消えていく。コア企業と小零細加工企業との間の階層が分解し、複雑な社会的分業関係がよりすっきりとした整理されたものになってきている（額田・岸本・首藤，2009）。

　「オータナイゼーション化」という言葉にて、国際競争の厳しい環境下で日本の地域産業の新しい方向性を提示するモデルとして着目された大田区が、皮肉にもさらに国際分業が進展する中で逆に大田区らしさを失いつつある変化が生じている。

　次の第4節では、諏訪圏域と大田区の2つの地域の変化を比べたときに、特に相反する方向性の動きが観察される社会的分業構造の変化に焦点を絞って、議論の整理を行いたい。

## 4. 諏訪圏域と大田区の新しい分業構造

　諏訪圏域と大田区では、環境変化に対してコア企業がとったリアクションの影響として、それぞれの地域の社会的分業構造にどのような変化が起きたととらえることができるだろうか。ここでは第3節で指摘された3つの観点、すなわち i ) 域外需要の搬入機能の分散の程度と、ii ) 分業関係の階層の錯綜性、iii ) 企業間でやりとりされる情報の蓄積パターンの面から整理していきたい（図表6-10参照）。

(1) 大田区の社会的分業構造の変化

　従来の大田区について第3節の内容をまとめると i ) が非常に分散的、ii ) については非常に階層の錯綜性が高く、iii ) 部分的に重複した分厚い関連情報

【図表6-10】 諏訪圏と大田区の最近20年間の変化の方向性

|  | 1980年代の諏訪圏 | 現在の両地域 | 1980年代の大田区 |
|---|---|---|---|
| ⅰ）域外需要搬入機能の分散の程度 | かなり小さい → より分散へ | コア企業が需要搬入の中心へ | ← 非常に大きい より集中へ |
| ⅱ）分業関係の階層の錯綜性の程度 | 非常に小さい → より複雑に | コア企業と中小零細サプライヤーの整理されたネットワーク | ← 非常に大きい より整理されたものへ |
| ⅲ）中小企業間の情報蓄積パターン | 中小企業間が分断 → コア企業間の蓄積の重複がより豊かに | ・コア企業間の関連情報の充実した基盤<br>・小零細サプライヤー間の関連情報の比較的薄い基盤 | ← 互いの関連情報を「部分的に」重複させながら分厚く蓄積 小零細サプライヤー間の関連情報の蓄積がより薄くなる方向へ |

（出所）筆者作成

の蓄積がなされていた。

　そのような複雑な社会的分業構造が、ⅰ）については、域外からの需要を獲得する機能が、特殊な機能を国内に残した京浜地域の大企業とコア企業層へと集中する変容を起こしてきている。ⅱ）については、分業関係の階層の錯綜性の程度が小さくなり、コア企業と小零細サプライヤーとの間の階層がある程度明確な分業構造へと変化している。

　最後のⅲ）については、「コア企業」層と「小零細サプライヤー層」で異なる傾向が生じている。「コア企業」相互間における関連情報の蓄積については、域内「コア企業」同士の情報交換の機会に加えて、域外「コア企業」との情報交換の機会も利用してむしろ、従来よりも分厚いものになっている。海外の現地状況の視察ツアーへの参加、海外見本市の同じブースへの出展、地域を超えた産産連携・産学公連携・異業種交流事業での共通体験など、コア企業の活動領域が国内各地や海外へ広がる中で、「コア企業」相互の情報交換は地域の境界を超えて益々多層的になった。

　しかし、一方で小零細サプライヤー間の関連情報の蓄積が、急速に薄くなりつつある。高齢化が進む中で60代、70代の年齢層の情報交換の機会が減少し

たというだけでなく、30代、40代の世代の仕事のやり方の変化が影響を与えている面もある。

たとえばMプレスの60代の社長の仕事のやり方と、40代の専務（現社長の子息）の仕事のやり方には、次のような違いが見受けられた。10年前、現社長が中心になって経営がなされていた時代は、社長は発注先に出向くと訪問先の社長や現場の従業員と、眼前の仕事のための要件以外にも、たくさんのコミュニケーションをとっていた。しかし、40代の専務は発注先に材料を届けにいっても、必要な用件がすむとすぐに帰ることが多い。相手先の工場内に気になるものが置いてあれば率直に質問したり、不思議に思う加工方法が目に入れば観察したりするということもすることがあるが、父親の時代に比べれば頻度が少なくなった[14]。

互いに活動の場を実際に共有してコミュニケーションをとることは、大田区のような立地の方が企業密度がまばらな地方よりも本来容易である。しかし若い世代では集積に立地していてもそのメリットを活かす行動が減少している。以上の結果として、大田区における小零細加工企業層における関連情報の蓄積は薄くなる傾向にある。

(2) 諏訪圏の社会的分業構造の変化

一方で、諏訪圏域はどのような社会的分業構造を従来持っていたのか。諏訪圏は、ⅰ）については域外需要の搬入機能は、少数の企業に集中していた。第2節で先述したように、少数の大手企業が域外需要搬入の中心的担い手であった。

ⅱ）については階層がはっきりとした垂直的なピラミッド構造を形成しており、分業関係の錯綜性の程度は非常に小さかった。1990年代、諏訪圏のコンベヤ・メーカーMY機械は、地元の加工企業と大田区などの東京圏の加工企業を、異なる特徴を持つものとして使い分けていたが、その背後には諏訪圏の中小企業の間の横の関係が分断されている事情があった。以下は、MY機械でのヒアリング内容を渡辺（1997，p.217）が要約して説明している部分の抜粋

である。

　諏訪地域では機械加工で時間単価が 3,000～3,500 円であるのに対し、東京方面での単価はそれに比べて 2 割高い。しかし大きく異なるのは諏訪地域では各工程ごとに当社が発注しているのに対し、東京方面では一貫した加工を発注できる。諏訪地域の下請企業は下請企業同士のつながりが弱く、再下請のネットワークが存在しないのに、東京方面の外注先は下請企業同士の密接なつながりを持っており、このネットワークを通して、一貫受注した加工について迅速にかつ品質面でも問題なく対応することが可能である。そのため当社は、主力工場の仕事のうち、納期がない仕事については、東京方面の下請企業 50 社をもっぱら利用し、一貫加工のかたちで発注している。

　次にⅲ）については、ピラミッドの階層構造の上下では密な情報交換がなされていても、1 次、2 次、3 次の各階層のサプライヤー同士の横の情報交換は薄かった。横の取引関係が発達していないだけでなく、活動の場を共有しながら相互にコミュニケーションをとる機会も少なかった。

　以上まとめると、従来の諏訪圏は大田区とは対照的な社会的分業構造を保有していた。それがどのように変化したのだろうか。

　ⅰ）については、域外需要搬入の担い手が、域内事業所を開発拠点に特化させた某大企業と新しく成長してきた多数の「コア企業」群[15]との両方から構成され、需要搬入機能の分散の程度は以前より大きくなった。

　ⅱ）については、分業関係の階層の錯綜性の程度が以前よりはより複雑なものになったと考えられる。1990 年代前半の諏訪圏では、「コア企業」に該当する企業層のほとんどは、事業システムを構築する上で内製を中心としていた（渡辺，1997）が、現在のコア企業の事業システム構築の方針は、内製推進型と外注利用推進型に二分される程度にまで外注利用推進型が増えてきている可能性がある（額田，2010-a）[16]。内製推進型としては、たとえば「コスト圧力の強まりのなか、（当社）自身で、海外に生産拠点を充実させながら内製化や

子会社で生産する方向でしか対応できなくなっている」(SD 社) という声が聞かれる。その一方で、外注利用推進型の方からは、現在の諏訪圏域の小零細加工企業について、「顧客からの納期短縮の要請が強まる中で、技術が高く納期やコスト面でも要求を満たせる優秀な小零細加工企業が諏訪圏で見つけられることの意味は大きい」(マルゴ工業) という評価も出るようになった。

マルゴ工業のような外注利用推進型のコア企業であっても、コア企業は小零細加工企業に専属性を要求できるほど大きな発注を安定して出せるわけでないので、小零細加工企業自身は複数のコア企業との間で関係を持って経営を維持しようとする。

さらに、企業間の相互発注も一部出てきている。たとえば、先に事例としてとりあげたコア企業 SE 社は質的補完関係にある諏訪圏内のある研磨企業と相互に発注し合う関係にある。以上のような変化を総合して評価すると、垂直的な下請けピラミッド構造であった以前に比べて諏訪圏域の分業関係は、もう少し入り組んだものへと変化していると考えられる。しかし、従来の大田区ほど複雑な階層の錯綜性を持つものとは根本的に異なるタイプのネットワーク構造への変化であることに注意されたい。

最後に、ⅲ) の中小企業間の情報の蓄積パターンについては、コア企業の間、さらには環境変化に能動的に対応しようと活動している一部の小零加工企業とコア企業の間の情報共有が以前よりも充実してきた。

1990 年代後半以降、諏訪圏域では地域の中小企業を巻き込んで横の情報交流の機会を提供する場づくりが積極的に進められてきた (関・辻田, 2001；山本・松橋, 1999；大橋, 2003)。産学連携プロジェクトや異業種交流グループの中での交流、さらには岡谷市が積極的に支援してきた異業種交流グループ「間」の交流、IT 技術を取り入れた産業創出のプラットフォームづくりを進めようとする研究会や運営組織の中で横の情報交流が行われた。このような情報交流の場には、域内企業だけでなく、域外の企業や研究機関も参加している。また、域内展示会「諏訪圏工業メッセ」も、域外市場と地域内企業を結びつけるという直接的な目的を超えて、出展企業同士が横の交流を進める機会にも

なってきた。なおこのような横の情報交流は参加を強制されるものではないので、小零細加工企業の層については参加しているのは一部の企業に限られている。まとめると、諏訪圏では1990年代後半以降増えてきた横の情報交流の機会を利用して、コア企業間を中心に関連情報の充実した情報的基盤が形成されてきた。

### (3) 2つの地域の社会的分業構造の接近

　大田区と諏訪圏域の社会的分業構造の変化をまとめた先の図表6-10を再度見てみよう。従来は根本的に異なる特徴を保有していた両地域は、3つのどの観点からも、従来の大企業の城下町的性質の強いものとも、また都市型産業集積の典型として扱われてきた大田区の特性だととらえられてきたものとも違う第3の特徴を持つものへと変化してきている。

　この第3の特徴を持つ社会的分業構造を図として表現したのが、図表6-11である。この社会的分業構造の特徴は、コア企業層が域外需要搬入の窓口として重要なポジションを占めていること、変化へ対応できなかった多数の中小企

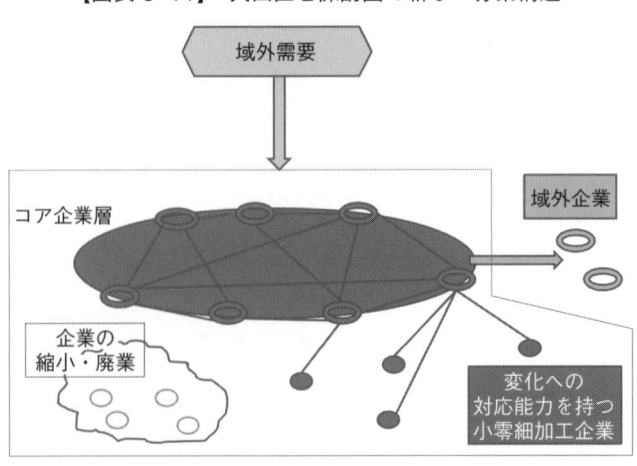

**【図表6-11】　大田区と諏訪圏の新しい分業構造**

(出所)　額田(2010) 図4-1の左半分に、筆者が若干加筆

業の縮小・廃業が生じていること、コア企業と変化への対応能力を持つ強い小零細加工企業を結ぶある程度整理された社会的分業関係が構築されていること、地域の境界も超えつつコア企業間を中心に関連情報を共有できるような基盤が形成されていること、そしてそれと対照的に小零細加工企業間のそうした情報的基盤が薄いものになっていることを指摘することができる。このように整理を進めてくると、冒頭で示した従来のテキストによる産業集積の分類整理の仕方や「オータナイゼーション」という用語は、現在の機械産業集積地の状況をとらえるにはかえって混乱を生むものであるかもしれない。

## 5. おわりに

本章では環境変化の中で国内機械産業集積がどのように変容しつつあるのかについて、諏訪圏域と大田区を事例に検討してきた。国内機械産業集積地を国際化の関わりで検討してきたことのまとめとして、次の4点を指摘しておきたい。

第1に、国際分業が進み地方から海外への量産機能の移転が加速したのに伴い、国内機械産業集積間では、不確実性・多様性の大きな需要を奪い合う競争が激しくなっている。

第2は、地域経済の中で「コア企業」が域外需要獲得の面で重要性を増すだけでなく、中小企業間で関連情報を部分的に重複して保有し情報的基盤を形成する面でも重要な役割を果たすようになっている。

第3として、「コア企業」を主役として現在出現しつつある社会的分業構造は、コア企業と変化への対応能力を持つ強い小零細加工企業を結ぶある程度すっきりと整理されたものである。また、「コア企業」と学や公的支援機関とのつながりが強まり、異なる地域の「コア企業」を結ぶ社会的な分業関係が発達してきている。この社会的分業構造は、2001年から国が推進してきた産業クラスター政策がモデルとした広域TAMA地域のモデルに近い第3の性質を持ったものであり、国際化とIT化が急激に進展する環境変化の中で、日本各

地の機械産業集積地の社会的分業構造が、類似したものになりつつあることが推察される。

　第4として、地域の中で「コア企業」が多数成長することが、地域の雇用の量的維持や小零細加工企業の経営維持の問題への解決と即座に直結しないことである。「コア企業」の成長が、地域に雇用の場やまわりの小零細加工企業の事業のあり方の転換を促す質的効果はあったが、諏訪圏域ほどに早くから大企業からの需要縮小に対してリアクションが起き、出荷額規模や利益率で高いパフォーマンスの維持に成功してきた地域でさえ、地域の雇用を量的に維持したり、平均的な小零細加工企業を量的に多数成長させたりするのに十分なだけの量的な波及効果が起きていない。大田区ではさらに、「コア企業」の成長の間接的影響として、小零細加工企業の存立を支えてきた地域の社会的分業構造の特徴を否定する影響さえ与えているのである。

　経済合理性にのみしたがって自然にこのトレンドを追うと、日本の機械産業の社会的分業構造は、かつての裾野の広い山脈構造型社会的分業構造（渡辺, 1997）から、中程度の規模へと成長した「コア企業」層と、かなり量的にスリム化した小零細加工企業層から構成される、裾野がある程度狭い社会的分業構造へと変わっていくことになると考えられる。国際競争の激化と国際分業の拡大に直面する中で、国内の機械産業の社会的分業構造の裾野が狭くなるプロセスが進行している現在、国として地域として小零細加工企業層の今後の展開がどうあるべきかを検討することは、日本経済の今後の展望を描く上で大変重要な課題である。

**謝辞**

　本稿は2008年度および2009年度に実施された中小企業基盤整備機構ナレッジリサーチ事業での共同研究の成果を活用したものである。本稿の執筆において共同研究者の岸本太一先生（敬愛大学）には特に多くの貴重なご助言を頂戴した。関係各位に心からの御礼を申し上げる。

# 第 6 章　国際化と国内機械産業集積地の変容

[注]
1. 1960年代の諏訪地域の分業構造が垂直的下請分業構造であったかについては、論者によって見解が異なるが、筆者らのヒアリングにおいても、中小企業の経営者の方、現地の支援機関の方の双方から、高度経済成長期時代の諏訪地域の分業構造について、少数の大手企業に依存した垂直的な下請取引関係にあったことが読み取れる話をうかがっており、山本・松橋（1999）の見解を支持したい。
2. 筆者による2009年9月2日 SE社 SE社長へのインタビューにおける言葉からの引用である。
3. 諏訪地域のコア企業の転換には、いくつかのパターンがある。SE社のケースはその中のパターンの1つを示しているにすぎないことに注意されたい。
4. 2社のうちの1社は日本電産グループに吸収されたサンキョーオルゴールであり、残り1社がニッチな超高級・高級セグメントのみに特化するようセグメントを変化させることにより存続の道を切り開いた双眼鏡、ライフルスコープ製造企業のライト光機である。
5. 以上の野村ユニソンについての記述は2009年11月24日、野村ユニソンの野村稔社長、管理本部及び総務部の南澤康晴部長、味澤広明主任、経営企画室の清水洋太郎課長に対するインタビューの内容を踏まえたものである。
6. 本章では図表6-8に示すスパイラルのなかで、「市場の国際化」と関わりの大きい「市場との関係構築」に限定して詳しく説明する。スパイラルのしくみの全体像をとらえた論考については、導入的なものとしては額田・岸本・粂野・松嶋（2010）を参照されたい。本格的な論考としては、共著として近くまとめなおす予定である。
7. 以上は、筆者による2011年9月7日のエーシング社への再調査のときのエーシング社安川雅彦社長の言葉を参考にしている。
8. 新しい環境変化を受けて転換に成功している小零細加工企業の事例については、額田（2010-b, pp.112-116）を参照されたい。
9. 野村ユニソンは、（ア）に属するFAやロボットの事業部と（イ）に属する鍛造関係の事業部を併せ持つ企業である。
10. 「相互学習」とは、ある程度自立性を持った企業と企業が相互に影響を与え合い、情報的資源を蓄積するプロセスのことである。
11. この点について詳しくは、額田（2002, 第6章）を参照されたい。
12. 以上2点については、粂野・首藤（2010, pp.123-124）を参照されたい。
13. 第3の方向性は、大田区の「柔軟な連結」の仕組みの根本原理を否定する内容を含んでいる。なぜ、それが新しい強みを生むのか、地域産業の将来にどのような影響を与えるのかなどについて議論が必要である。
14. 以上は2008年10月3日のMプレスにおける社長と専務に対するインタビューの内容を踏まえたものである。

15. 図表6-3に取り上げた「コア企業」は14社であるが、これらは、諏訪圏域の「コア企業」の一部にすぎない。
16. この点については、追跡調査による検討が必要である。


[参考文献]
天野倫文（2005）『東アジアの国際分業と日本企業：新たな企業成長への展望』有斐閣
伊丹敬之・松島茂・橘川武郎（1998）『産業集積の本質』有斐閣
伊丹敬之（1998）『日本産業3つの波』NTT出版
伊丹敬之（2003）『経営戦略の論理　第3版』日本経済新聞社
今井賢一（1984）『情報ネットワーク社会』岩波書店
大橋俊夫（2003）「モノづくり情報のネットワーク構築で、新しい産業創出を仕組む」「リソナーレ2003年7月号」、23-27、りそな総合研究所
機械振興協会経済研究所（2003）『産業集積の再構築とネットワーク化の実態：地域資源を活かしたモノづくり』
岸本太一（2009）「マクロ財務データに見る大田区の変容：視点限定型の分析として」（額田・岸本・首藤（2009）第2章）
岸本太一（2010）「マクロ財務データから見る諏訪地域の競争力」（額田・岸本・粂野・松嶋編，2010，第3章）
岸本太一・首藤聡一朗・額田春華（2011）「大都市ものづくり産業集積における活動規模面の変容とその意味～東京都大田区に関するマクロデータ分析をもとに」東京大学ものづくり経営研究センターディスカッション・ペーパー No.356
経済産業省『工業統計表』各年版
粂野博行・首藤聡一朗（2010）「大都市工業集積におけるものづくり」小川正博・西岡正・北島守編『現代日本企業のイノベーション①日本企業のものづくり革新』同友館
首藤聡一朗・額田春華・岸本太一（2010）「大田区産業集積の新たな階層分解」麗澤大学紀要（89）
関満博・辻田素子編（2001）『飛躍する中小企業都市：岡谷モデルの模索』新評社
関満博（2001）「工業集積の特質」（関満博・辻田素子編，2001，第1章，新評社）
高嶋克義・南千恵子（2006）『生産財マーケティング』有斐閣
高田亮爾・村社隆・前田啓一・上野紘（2009）『現代中小企業論』同友館
日本地域開発センター（2004）『地域開発　特集　日本のものづくりを支える：諏訪圏の挑戦』48，日本地域開発センター
額田春華（1998）「産業集積における分業の柔軟さ」（伊丹敬之・松島茂・橘川武郎編，1998，第3章）
額田春華（2002）「産業集積における『柔軟な連結』の達成プロセス」一橋大学大学

院商学研究科博士学位単位取得論文

額田春華・岸本太一・首藤聡一朗（2009）『平成20年度　ナレッジリサーチ事業　規模縮小過程における分業システムの変容に関する調査研究：大田区中小企業群の最近10年の変容を事例として』中小企業基盤整備機構経営支援情報センター

額田春華・首藤聡一朗・岸本太一（2010）「大田区中小企業群の分業システムにおける『冗長性』の低下」東京大学ものづくり経営研究センター　ディスカッションペーパー No. 297

額田春華・岸本太一・粂野博行・松嶋一成（2010）『平成21年度　ナレッジリサーチ事業　技術とマーケットの相互作用が生み出す産業集積持続のダイナミズム：諏訪地域では、なぜ競争力維持が可能だったのか』中小企業基盤整備機構経営支援情報センター

額田春華（2010-a）「諏訪地域の技術、分業構造、競争優位の変化」（額田・岸本・粂野・松嶋（2010）第4章）

額田春華（2010-b）「競争優位の源泉がシフトした過程の事例分析」（額田・岸本・粂野・松嶋（2010）第6章）

額田春華（2011）「環境変化の中での諏訪圏域の産業構造転換プロセス」『家政経済学論叢』(47)

橋本寿朗（1997）「『日本型産業集積』再生の方向性」清成忠男・橋本寿朗編『日本型産業集積の未来像：「城下町型」から「オープン・コミュニティ型」へ』日本経済新聞社

渡辺幸男（1997）『日本機械工業の社会的分業構造：階層構造・産業集積からの下請制把握』有斐閣

渡辺幸男（2006）「もの作りでの中小企業の可能性：東アジア化の下での国内立地製造業中小企業の存立基盤」『商工金融』56(2)

渡辺幸男（2011）『現代日本の産業集積研究：実態調査研究と論理的含意』慶応義塾大学出版会

山田伸顯（2009）『大田区から世界の母工場へ：日本のモノづくりイノベーション』日刊工業新聞社

山本聡他（2011）『国内素形材産業における受注拡大と市場開拓人材：鋳造・金型・表面処理など素形材企業の受注拡大に必要とされる人材とは？』財団法人機械振興協会経済研究所

山本健兒・松橋公治（1999）「中小企業集積地域におけるネットワーク形成：諏訪・岡谷地域」『経済志林』66(3/4)

Hirschman, A. O. (1958) *The Strategy of Economic Development*, Yale University Press.

Jacobs, J. (1984) *Cities and the Wealth of Nations : Principles of Economic Life*, Vintage Books.

# 第7章

# おわりに

額田　春華

本書では、中小企業の国際化戦略について、「生産の国際化」「市場の国際化」「地域と国際化」の3つの観点から論じてきた。第1章で指摘されたように、中小企業の国際化が大企業に比べて遅れているのは事実である。しかし、国際化していない中小企業と国際化している中小企業を比較したときに、後者の方が良好なパフォーマンスを示す事実を踏まえると、国際化へのチャレンジが中小企業経営者にとって、今や重要な検討事項の1つになっているのは間違いない。

中小企業は、経営資源の制約の程度が大きいこと、またその限界を克服するため社会的分業構造への埋め込みの程度が強いことの特徴を持っている。このような中小企業が国際化戦略に取り組む際の目標は、すべての中小企業が「発展段階説」の第5ステージ、すなわち母国拠点と海外拠点の相互依存性の高いグローバル経営を目指せ！という単純なものではなさそうである。

## 1. 中小企業が国際化戦略を進めていく上でのポイント

第2章では、「生産の国際化」の面から、中小企業が海外展開を図る上でのポイントとして次の2点が指摘された。第1に、中小企業は自社の経営資源の特性を把握し、自社の強みに応じた国際的な企業内分業の配置をつくりだすべきである。特定の中核的な固有技術を区分しやすい企業群とそうでない企業群では、国際的な企業内分業の配置に異なるパターンがとられる。第2に、いったん海外へ進出した後では、既存の海外生産拠点の立地条件やその設立過程で蓄積された経営資源を活かすことで、さらに次の新しい展開が見えてくる。

第3章では、生産財の1つ、機械産業の部品を製造する中小企業を事例として「市場の国際化」の面から、中小企業が海外展開を図る上でのポイントが検討された。ここではそこでの議論の中から、次の2点を指摘する。第1に、海外展開に成功している中小企業は、海外市場開拓に取り組み始める以前から海外市場との関係を構築するのに必要な能力を十全に保有していたわけではなかった。心理的な障壁を乗り越えて一歩踏み出し、その後市場開拓にチャレンジするプロセスで、必要な経営資源の蓄積を進めていった。第2に、海外市場

開拓に必要な能力や資源とは何かが議論された。海外市場開拓に必要な資源や能力とは、固有技術のプロセスのブラック・ボックス化、固有技術のアウトプットの可視化、情報収集・発信能力、情報がやりとりされるネットワークの構築、海外取引における契約能力、営業代理店・専門商社との協力関係等である。

　第4章では、消費財の1つ、食品産業を取り上げて、中小企業が「市場の国際化」を進める上でのポイントが議論された。前章で扱った生産財が限定される特定企業を顧客層として設定するのに対し、消費財は不特定多数の一般消費者が顧客層となるので、中小企業にとって海外市場開拓のハードルはより高くなる。第4章で検討されたことの中からここでは次の3点を指摘しておきたい。第1に、海外市場開拓に成功した中小企業は、日本の食品産業が高品質・高価格帯をねらえるイメージを得ていることを活用しながら、4P'sの統合を図ったマーケティング活動を行っている。第2に、4P'sの構築の際に、外部の研究機関や現地代理店・輸入商社などとの連携が効果的である。例えば新商品開発においては、既存技術をベースに取り組む際にも、新技術をさらに開発して取り組む際にも、外部研究機関との共同研究の成果が活かされた。第3に、海外市場への展開が、逆に日本国内の市場拡大につながる波及効果を生むこともある。海外市場の展開プロセスで、海外での知名度形成、商品開発の新しい視点の獲得といった新たな経営資源が獲得されたことが、次の新しい展開を生んでいた。

　さらに第5章では銅器、タオル、漆器の消費財の地場産業産地における中小企業の事例から、第6章では部品や産業機械といった生産財の産業集積における中小企業の事例から、中小企業の「市場の国際化」や「生産の国際化」についても考察を加えた。

　以上の6つの章の議論を踏まえて消費財・生産財の違いを超えて、我々が共通して発したいメッセージは次の3つである。

　第1は、国際化戦略の実行に必要な経営資源が十分に蓄積されるのを待って、国際化に取り組み始めるというのは間違いであるというものである。事前的には戦略要素間に不均衡があっても、勇気を持って一歩踏み出し、プロセスにおけるLearning by doingによって新しい成長の道をつくりだすことが重要

である。今、一歩踏み出し苦労した経験が、数年先に自社の新展開の方向性を、海外市場においてだけでなく国内市場においてもさらに導く資源蓄積の機会となる。

第2に、海外展開のドライビング・フォースとなるのは、中小企業がこれまで国内活動で培ってきた技術や技能の蓄積の深さである。とことん細かな点にもこだわり確かな品質を重視する国内の大企業や消費者に、日本の中小企業はこれまで徹底的に鍛えられてきた。国内活動で蓄積された技術の中で本物の深さを持つ技術は何であったのかは、新しい市場との関係を構築しようとする積極的なチャレンジの過程で見えてくる。

第3に、海外市場での活動の不確実性を低下させるために、国内外の他企業や支援機関、大学など外部の主体との情報交換や連携を活用できる。従来の技術の深さは海外市場展開の必要条件であるが、十分条件ではない。新しい市場で必要になる新製品開発、新技術開発、営業活動、部材の調達などさまざまな業務活動の面で、外部の主体との関係づくりが新しい局面をつくりだしている。とくに地元とは異なる常識・知識を持った外部の主体との関係構築は、新鮮な方向性をつくりだしていく上での鍵となる。たとえば、第5章で紹介された漆器産地では、中小企業が海外市場の現地情報に精通した産地外の人材とともにグループをつくり、日本の漆器の概念を超えた新製品をつくりだし、海外市場に新しい販路を形成することを可能にした。

## 2. 地域という単位でとらえたときのポイント

本書では、個々の中小企業という単位で国際化の問題をとらえただけでなく、さらに第5章と第6章において地域という単位で国際化の問題を検討した。

地場産業産地として高岡（銅器）、今治（タオル）、加賀（漆器）の3つの地域の変容を考察の対象とした第5章で提示されたことの中から、ここでは次の3点を指摘しておきたい。第1に、国際競争が激化する中で産地の社会的分業構造の重要な変化が起きている。従来は産地問屋が企画・デザインの機能とと

もに需要搬入の役割を果たしてきたが、環境変化に対応する中で産地問屋に依存しない事業システムの再構築が進められている。第2に、社会的分業構造に埋め込まれた中小企業の活路の方向性の1つは、従来の技術・技能をベースに新製品・新事業開発に着手することである。伝統工芸品の需要が先細り続ける環境変化の中で、従来の産業の枠さえも超えた異業種転換を進めることは、地域産業の重要な選択肢の一つである。第3に、産地としてのブランド形成の重要性である。特定企業自身のブランド形成への取り組みにとどまらず、地域としてのブランド形成への取り組みが併せて行われ、両者の間が連動するときに高い効果が現れている。

次の第6章では機械産業集積地の中から諏訪圏と大田区の2つの地域をとりあげ、その変容を検討した。第6章で提示されたことの中からここでは以下の3点をとり上げる。第1に、環境変化に対する中小企業のリアクションの結果として、機械産業集積地でも社会的分業構造の重要な変化が起きている。大企業に代わって、地域経済の中で新たに成長してきた中小のコア企業層が、域外需要獲得の面で重要性を増しているだけでなく、企業間の分厚い情報的基盤形成の担い手としても重要性を増している。第2に、コア企業を主役として現在出現しつつある社会的分業構造は、従来の大田区のそれとは異なる第3の性質を持つものとなっている。第3として、地域の中でコア企業が多数成長することは、地域経済発展の要であるが、地域経済の雇用維持や小零細加工企業の経営維持の問題解決と直結していない。

第5章と第6章が地域間の特色の違いを超えて提示したい我々の共通のメッセージは、次の3つである。

第1に、新しい市場と地域に蓄積された技術・技能と結びつけ、地域に新たな需要を搬入する主体の育成が重要である。その主体は単独の企業である場合もあれば、中小企業が参加するグループである場合もある。既存の市場の範囲内では、国際競争が激化する中で地域が獲得できる需要は減少し続けざるをえない。しかし、地域内のすべての企業が、海外を含めた域外需要搬入の担い手に成長することも現実的ではない。地域の中に需要搬入の主体を育成し、そこ

からの需要の波及をその他多数の中小企業が受け止められるよう転換を促していくことが重要であろう。

　第2に、需要搬入の窓口となる主な主体は、従来の産地問屋のような企業ではなく、これまで技術・技能の直接の担い手として資源蓄積を進めてきた企業が中心となるようである。深さのある技術・技能の蓄積は短時間で成し遂げることは難しい。だからこそ、簡単に他企業がまねできない。

　今後の成長市場は、航空宇宙産業だ、太陽電池だ、介護や医療の機器だ、またおしゃれなステーショナリーだとどこかの産業を特定し、地域の資源を集中してその産業を育てていくという方法での開拓は難しいと考えられる。「どこの産業が今後、おいしいか」という発想では、地域産業の育成は難しい。そうではなくて、技術の深い蓄積を持っている主体が、自身で市場との関係構築活動に積極的に取り組み、新しい顧客ニーズをつかんで独自のセグメントを創りだしていったときに、成長可能性のある市場が見えてくるというものなのではないだろうか。

　第3に、企業の国際化戦略とは別に、地域の国際化戦略が必要な時代になっていると考えられる。バブル経済崩壊以後のこの20年は、中小企業にとって厳しい環境変化が続いた時代ではあったが、しぶとく事業のあり方の転換を進める中小企業の企業努力の積み重ねと、その企業努力を応援する地方・国の支援活動の成果として、さまざまな地域に需要の搬入窓口となる新しい主体が育ってきている。さらには産産・産学公の主体間に情報交換と共創のための情報的基盤が、地域の中に、また地域と地域をつないで新たに形成されてきている。しかし、そのことが地域の雇用の量的な充実や、地域の社会的分業を担ってきた多数の他企業への需要の大きな波及の発生とは、必ずしも直結しなかったということもまた現実である。

　一企業が自社内部の付加価値をできるだけ大きくしようとする企業の国際化戦略とは別に、そのような新しいコア企業層が、付加価値や重要な技術を、自分の地域にまたは自国に配分する利率を高めたいと考えてくれるための立地の条件づくりを、地域や国が戦略的に進めることが、次のステップとして求めら

れているのではないか。たとえば、新たな市場を切り開いた企業の点の動きを結んで見えてくる地域産業の将来像のコンセプトの提示、コアとなる企業が地元の事業所を成長させることの障害となっている立地上の問題の解決、存続の意思はあるのに視点の転換の方向性がつかめない小零細の専門加工企業へのアドバイザー制度の充実、さらには関連して必要にある第3次産業も含めた関連産業の育成等が、企業が単独では解決困難な外部性の諸問題として挙げられる。地域の国際化戦略によって外部性の問題の解決も伴って初めて、地域の中の一企業の国際化の成功がまわりにも波及し、地域そして国の中に新しい変化の大きなうねりをつくりだしていくことが可能になるのではないだろうか。

　中小企業の国際化戦略とは言い換えれば、「どのように海外の企業や人々と市場を通してつながり、社会の中に新しい価値を提供していくか」ということである。その過程は不均衡成長の連続であり、われわれはこれまで蓄積してきた経営資源を踏まえながら、創意工夫し続けていくことが求められる。

　歴史の中で、従来の常識が通用しない不均衡成長の主たるアクションの担い手は、中堅・若手の世代であった。この世代の経営者や従業員、さらにこれから社会に出ていく学生1人ひとりが、今の資源や能力の不十分さを嘆くのではなく、一歩踏み出し創意工夫によって障壁を乗り越えてアクションを起こしていくことが求められている。

　海外市場と関係構築するには、個人の語学力、異文化と自文化に関する知識、コミュニケーション能力、経営学や経済学の考え方など基礎的な能力以外にも、本書で提示されたようなさまざまな経営資源の蓄積も必要になる。そのような資源や能力が事後的に蓄積されていく不均衡成長のカギは、能力が十分蓄積できてから大海に泳ぎだすのではなく、最低限の基礎勉強ができたら大海の現場で絶命しない程度におぼれる経験を若いうちから持つことにある。

　若手の中小企業研究者の研究成果を活かしてまとめられた本書が、経営者、従業員、学生の方々の国際化社会の中での積極的アクションの一助になれば幸いである。

# 索　引

## あ　行

アジア NIES　33, 34
ASEAN　31, 42
営業代理店　71

## か　行

海外子会社のイニシアティブ　16
海外市場　11, 13, 19, 22, 53
海外直接投資　31, 32, 34, 36
海外販路開拓戦略　80, 81
間接輸出　11, 18, 23
外部環境　40, 48
外部研究機関　106
企業のグローバル化　14
企業の国際化　10
企業の国際化プロセス　12, 22, 24
既存技術をベースにした新商品開発　105, 106
共同研究　106
経営資源　30
継続性　54
契約能力　71
現地代理店・輸入商社との連携　80, 104
現地調達　30
コア企業　146, 147, 149, 177, 187
工程間分業　46
合弁会社　47
合目的性　54
国際経験のある人材　73
国際マーケティング戦略　83, 85
国内市場の寡少性　57
固有技術　58
固有技術の可視化　68

## さ　行

産地問屋　124, 125, 126, 133
事業システム　149, 154
市場との関係構築　157, 158
地場産業　116, 118, 119, 120
社会的分業　120, 124, 125, 128, 133
社会的分業構造　170, 171, 172, 173, 175, 177, 178
社会的分業構造の変化　162, 164, 167
JAPAN ブランド育成支援事業　129, 133
消費財　81, 82
集積要因　35
消費財　121, 122
情報収集能力　67
情報発信能力　68
新技術をベースに使った新商品開発　105, 106
新商品開発　80, 104
心理的な障壁　75
生産機能の国際的配置　40, 46, 48
生産財　30, 38, 154
生産財マーケティング　54
製造契約（生産委託）　11, 21, 22
製品・市場ポートフォリオ　149, 150, 151, 159
製品・市場ポートフォリオの転換　154
専門商社　71
相互依存性　54
組織性　54

# 索　引

## た 行

中核部品　46
中間財　54
中小零細食品企業　80, 81
直接輸出　11, 13, 18, 23
伝統的工芸品　116, 121, 122, 125
取引実績　70

## な 行

内需転換　120
内部化　37
内部環境　40
ネットワーク　70

## は 行

発展段階説（ステージ・モデル）　12, 22
販促活動　109, 111
販売チャネルの確保　108
部品取引　52

## ま 行

プラザ合意　35
ブラックボックス化　65, 44
貿易摩擦　35

## ま 行

マザー工場　44
東アジア　30

## や 行

輸送費用要因　35, 48
4P　83, 85

## ら 行

Learning by doing　151, 153, 185
Learning by doing 仮説　56
立地優位性　48
立地要因　35
労働費用要因　35, 48

191

【著者紹介】（執筆順　＊は編者）

山本　聡＊（やまもと　さとし）……………………………………………序章・第3章執筆
東京経済大学経営学部准教授
[最終学歴]
　一橋大学大学院経済学研究科後期博士課程満期退学　博士（経済学）
[主要業績]
　山本聡（2011）「『人材』から見た国内素形材企業における営業能力の形成と取引関係の変化」『日本中小企業学会論集』第30号。山本聡（2010）「サプライヤー企業のネットワークと取引関係の変化：茨城県日立地域のサプライヤー企業を事例に」『日本中小企業学会論集』第29号。

遠原　智文（とうはら　ともふみ）………………………………………………第1章執筆
大阪経済大学経営学部准教授
[最終学歴]
　東北大学大学院経済学研究科博士課程後期修了　博士（経営学）
[主要業績]
　遠原智文（2009）「中小企業の成長とグローバル戦略」井上善海（編著）『中小企業の戦略：競争優位の中小企業経営論』同友館。遠原智文（2006）「グローバル化時代の中小企業」川上義明（編著）『現代中小企業経営論』税務経理協会。

久保田　典男（くぼた　のりお）……………………………………………………第2章執筆
島根県立大学総合政策学部准教授
[最終学歴]
　横浜国立大学大学院環境情報学府イノベーションマネジメント研究科博士課程後期満期退学
[主要業績]
　久保田典男（2011）「世代交代期の中小企業経営−次世代経営者の育成」『日本中小企業学会論集』第30号。久保田典男（2011）「事業承継と人づくり」「経営革新」前川洋一郎・末包厚喜（編著）『老舗学の教科書』同友館。

張　又心 Barbara（ちょう　やうしんばーばら）…………………………………第4章執筆
大阪経済大学経営学部専任講師
[最終学歴]
　一橋大学大学院商学研究科博士後期課程修了　博士（商学）
[主要業績]
　張　又心 Barbara（2011）「球磨焼酎産業集積の歴史的な展開と地域ブランド確立について」

『経営学論集』第22巻3号。張 又心 Barbara（2009）「自動車サプライヤー・システムと中小サプライヤーの開発補完機能」『日本中小企業学会論集』第28号。

## 山本　篤民（やまもと　あつたみ） ……………………………………………………… 第5章執筆
日本大学商学部准教授
[最終学歴]
　駒澤大学大学院経済学研究科博士後期課程満期退学
[主要業績]
　山本篤民（2011）「国内タオル産地の変容と課題」『日本中小企業学会論集』第30号。山本篤民（2010）「地場産業産地の変容と中小企業の新分野への展開」植田浩史・粂野博行・駒形哲哉編著『日本中小企業研究の到達点』同友館。

## 額田　春華[*]（ぬかだ　はるか） ……………………………………………… 第6章・終章執筆
日本女子大学家政学部専任講師
[最終学歴]
　一橋大学大学院商学研究科博士後期課程修了　博士（商学）
[主要業績]
　額田春華（1998）「産業集積における分業の柔軟さ」伊丹敬之・松島茂・橘川武郎編著、『産業集積の本質』有斐閣。額田春華（2007）「『柔軟な連結』型の産業集積における企業変革行動と資源蓄積過程：大田区及びその周辺地域を事例として」『日本中小企業学会論集』第25号。

```
2012年2月15日  第1刷発行
2015年4月1日   第2刷発行
2018年4月30日  第3刷発行
```
〈検印省略〉

### 中小企業の国際化戦略

　　　　　　　　Ⓒ著　者　　　額　田　春　華
　　　　　　　　　　　　　　山　本　　　聡
　　　　　　　　　　　　　　遠　原　智　文
　　　　　　　　　　　　　　山　本　篤　民
　　　　　　　　　　　　　　久保田　典　男
　　　　　　　　　　　　　　張　又心 Barbara

　　　　　　　　発行者　　　脇　坂　康　弘

　　　　　　　　発行所　　　㈱ 同 友 館
　　　　　　　　　　　　　東京都文京区本郷 3-38-1
　　　　　　　　　TEL：03(3813)3966　FAX：03(3818)2774
　　　　　　　　　URL　http://www.doyukan.co.jp

乱丁・落丁はお取替えいたします。　　　印刷：三美印刷／製本：松村製本所
ISBN 978-4-496-04857-9　　　　　　　　　　　　　Printed in Japan